ANALYSEN UND REFLEXIONEN

Band 12

Klaus Bahners

Albert Camus

Der Fremde
Die Pest

Darstellung und Interpretation

Joachim Beyer Verlag – 8607 Hollfeld/Ofr.

4. Auflage 1984
ISBN 3-921202-14-0

Druck: Lorenz Ellwanger, 8580 Bayreuth

INHALTSVERZEICHNIS

VORWORT

Die vorliegende Darstellung und Interpretation zweier Romane von Albert Camus will weniger die unübersehbare Zahl geistreicher Studien über den französischen Nobelpreisträger und sein Werk vergrößern, als vielmehr gemeinsam mit dem interessierten Laien und dem Oberstufenschüler, vielleicht auch mit dem Studenten und dem Kollegen den „Fremden" und die „Pest" lesen. Es handelt sich daher nicht um die Darstellung der Romane unter einer bestimmten Thematik („Das Absurde", „das Glück" usw.) oder in horizontalen Längsschnitten (Handlung, Personen, Zeit, Raum, Problematik, historische Hintergründe, Philosophie usw.), sondern um die Lektüre und Interpretation ausgewählter Kapitel im Rahmen einer Gesamtanalyse. Dabei spielt die Aufarbeitung und Diskussion der die Romane betreffenden Sekundärliteratur eine verhältnismäßig untergeordnete Rolle. Unsere Darstellung und Interpretation will weder grundsätzlich neue wissenschaftliche Erkenntnisse vermitteln noch eine bloße Kompilation des bisherigen Forschungsstandes sein, sondern in erster Linie vom Text ausgehen und diesen in den Mittelpunkt der Betrachtung stellen. Dazu ist gelegentlich – als Beleg oder zum Vergleich – ein Rekurs auf andere Schriften Camus' von Nutzen. Fragen des Selbstverständnisses und der Funktion der Literatur, Probleme ihrer Didaktik und Hinweise zur Methodik im Unterricht müssen ausgespart bleiben, obwohl nicht verschwiegen werden soll, daß die vorliegende Arbeit aus dem konkreten Unterrichtsgeschehen in zwei Unterprimen des Jahrganges 1971/72 und 1973/74 entstanden ist.

Beiden Romanen liegt grundsätzlich die Ausgabe in der „collection folio" bei Gallimard zugrunde, nach der die „Pest" durchweg zitiert wird (f). Andererseits schien es ganz praktisch zu sein, für den „Fremden" auf die Schulausgabe bei Diesterweg (auf die sich unsere Zitate beziehen), für die „Pest" auf die bei Velhagen und Klasing (vk) zurückzugreifen. Dies soll nicht bedeuten, daß der Romanistikstudent und Französischlehrer sich mit dieser stark gekürzten Ausgabe begnügen darf. Eine Abfassung in französischer Sprache kommt innerhalb der Reihe „Analysen und Reflexionen" nicht in Frage; außerdem sollen gerade Oberstufenschüler als Zielgruppe gewonnen werden. Beide Hauptteile unserer Studie können unabhängig voneinander gelesen werden; die von uns gewählte Reihenfolge ergab sich aus der Chronologie der Veröffentlichung der Romane und aus der Betrachtung der literarischen und philosophischen Entwicklung Camus'. Aus drucktechnischen Gründen ist auf die ursprüngliche Formulierung des Untertitels verzichtet worden: „Individuelles Glück und kollektive Freiheit in einer absurden Welt."

1. Albert Camus — ein biographischer Abriß[1]

Albert Camus wurde im Jahre 1913 in dem algerischen Dorf Mondovi geboren. Sein Vater, ein armer Landarbeiter, der mit einer Magd spanischer Herkunft verheiratet war, kam bald darauf in der Marne-Schlacht ums Leben. Deshalb zog die Mutter mit ihren beiden Söhnen nach Belcourt, dem Armenviertel der Hauptstadt Algier, wo sie als Scheuerfrau arbeitete. Die Kinder wuchsen unter der Aufsicht einer herrschsüchtigen Großmutter auf; ein teilweise gelähmter Onkel lebte ebenfalls in der Wohnung. Die Mutter, die Großmutter, der Onkel, die unverhüllte Armut rings um Albert hätten seine ganze Welt gebildet, wäre nicht die „Lichtseite" gewesen, die üppige Schönheit des Landes Afrika.
Bis zuletzt hat die nordafrikanische Heimat in Camus' Werk eine zentrale Rolle gespielt. Im Herzen von Camus' Empfindungsfähigkeit, Phantasie und Denken und im Kern seines Werkes stehen die Schönheit der afrikanischen Küste und die Pracht einer „unerschöpflichen Sonne". Er hat sie beschrieben wie keiner vor ihm, sie und die Besonderheiten des Temperaments, der Moral, der Einstellung und der Sprache der eingeborenen Algerier, die ihm von allen Menschen am nächsten standen. „L'Envers et l'Endroit", Camus' Erstwerk, und „Noces" verdanken ihre ausgesprochene Eigenart seinem leidenschaftlichen Wunsch, ein Bild seiner Heimat zu vermitteln. Bis zum Ausbruch des Zweiten Weltkrieges wurzelten Camus' Denken und Ausdruck völlig im Erlebnis Algerien. Nordafrika bildet nicht nur den Hintergrund von „L'Etranger" und „La Peste", sondern liefert für sein ganzes künstlerisches Schaffen die wesentlichen Bilder und Symbole. Sein letztes Werk, das er Algerien widmete, sollte „L'Eté" werden.
In der Grundschule von Belcourt wurde Albert Camus von seinem Lehrer Louis Germain, dem er später seine Nobelpreisrede widmete, auf eine Prüfung vorbereitet, die ihm den Besuch des Gymnasiums von Algier ermöglichen sollte. Camus erhielt das Stipendium, legte ohne größere Mühe das Abitur ab und begann 1932 an der Universität Algier mit dem Studium der Philosophie. In diesen Schul- und Studentenjahren hat er sich nebenbei vor allem für den Sport (Fußball und Schwimmen) und das Theater begeistert. Es muß eine gewaltige Erschütterung für den Siebzehnjährigen

gewesen sein, als er einen heftigen Anfall von Tuberkulose erlitt. Diese erste Begegnung mit einer tödlichen Krankheit scheint ihm zum Bewußtsein gebracht zu haben, was das Leben bedeutet. Camus brach mit seinem bisherigen Dasein, verließ sein Zuhause und stürzte sich förmlich in seine vielseitige Arbeit.

Von den Intellektuellen und Schriftstellern Algiers, in deren Kreisen Camus bald eine aktive Rolle zu spielen begann, war es Jean Grenier, der auf ihn den tiefsten Eindruck ausgeübt hat. Dieser Philosophieprofessor machte Camus mit der altgriechischen Literatur und Philosophie, mit den Neuplatonikern und dadurch mit der zeitgenössischen, besonders deutschen Existenzphilosophie vertraut. Unter Greniers Anleitung schrieb Camus seine philosophische Diplomarbeit über Augustinus und Plotin, die er 1936 mit Erfolg vorlegte. Um das Staatsexamen in Philosophie abzulegen, mußte Camus sich zweimal ärztlich untersuchen lassen, und beide Male schloß der Untersuchungsbefund ihn von der Teilnahme an der Prüfung aus. Daher gab Camus schmerzvoll jeden Gedanken an ein Lehramt und an die damit verbundene existentielle Sicherheit auf. Seine persönliche Entdeckung, daß das Schreiben ihm ein Bedürfnis war, ließ seine Gedanken über seine berufliche Zukunft in eine andere Richtung schweifen. Aber noch gab es in seinem Leben keine klare Linie: eine kurze, unglückliche Ehe des Zwanzigjährigen mit einer algerischen Arzttochter; eine eindrucksvolle Liste von Beschäftigungen, um sich durchzubringen: Schreiber in einem Import-Export-Geschäft, Verkäufer von Automobil-Zubehör, Meteorologe, Privatlehrer. Zudem erlaubte er sich den Luxus, seine bescheidene Stelle bei der Präfektur zu verlieren. Seine Mitgliedschaft in der kommunistischen Partei, der er 1934 beitrat, währte nur etwa eineinhalb Jahre.

1938 beschloß Camus auf Vorschlag von Pascal Pia, sich dem Journalismus zuzuwenden. Im folgenden Jahr wurde er in seiner Eigenschaft als Journalist von der linksstehenden Zeitung „Alger Républicain“ in die Berge südlich von Algier geschickt, um die Lebensbedingungen der Kabylen zu untersuchen. Vom 5. bis 15. Juni 1939 veröffentlichte der „Alger Républicain“ Camus' Reportage in täglichen Fortsetzungen. Sie ist auch heute noch lesenswert, weil sie zeigt, daß für ihren Verfasser das Wort Gerechtigkeit kein ab-

strakter Begriff, sondern eine Notwendigkeit war und weil Camus die seltene Fähigkeit besaß, das Elend der Mitmenschen nachzuempfinden.
Auf Camus' Betreiben hin wurde 1935 in Algier „Le Théâtre du Travail“ (später „L'Equipe“) gegründet. Als erste Inszenierung versuchte man im folgenden Jahr eine Bühnenfassung von Malraux' „Le Temps du Mépris“. „Révolte dans les Asturies“, Gides „Le Retour de l'Enfant Prodigue“ und eine Bearbeitung von „Die Brüder Karamasow“ waren weitere Stadien in der Entwicklung dieses Theaters. So begann für Camus ein wichtiger Abschnitt seiner Laufbahn, denn seine Liebe zum Theater sollte nie erlahmen. Sowohl als Schriftsteller wie als Regisseur beschäftigte er sich weiterhin eingehend mit den Problemen des zeitgenössischen Theaters und insbesonders mit den Fragen, die das „Théâtre de l'Equipe“ aufwarf.
Der Ausbruch des Zweiten Weltkrieges überraschte Camus bei seinen Vorbereitungen für eine Griechenlandfahrt. Da er nach seinen Artikeln über die Kabylen in Algier in Ungnade gefallen war, erhielt er einen Ausweisungsbefehl. Er siedelte mit seiner zweiten Frau Francine zunächst nach Oran, dann nach Paris über, wo er beim „Paris-Soir“ als Reporter eingestellt wurde. Obwohl er Paris nicht sonderlich liebte, erlaubte ihm eine gewisse Großstadt-Einsamkeit doch, sich dem Schreiben zu widmen, und so vollendete er kurz vor dem Einmarsch der Deutschen sein erstes größeres Buch: „L'Etranger“. Im Verlauf der Massenflucht aus Paris folgte er der Redaktion seiner Zeitung nach Clermont-Ferrand. Dann verließ er den „Paris-Soir“ und zog nach Lyon. Camus haßte die Dunkelheit und das Klima dieser Fabrikstadt, so daß er nach einem dreimonatigen Aufenthalt im Januar 1941, als „Le Mythe de Sisyphe“ beendet war, nach Oran zurückkehrte, wo die Familie seiner Frau ihn aufnahm. Nur zwei kurze Essays, „Oran ou la halte du Minotaure“ und „Les Amandiers“, die sich zwar im Inhalt, nicht aber in der Atmosphäre unterscheiden, gehören ausschließlich dieser Zeit an.
1943 wurde Camus Mitglied der Untergrundbewegung „Combat“. Die Gruppe, der er beitrat, war aus der Verschmelzung zweier kleinerer Gruppen entstanden. Ihr Hauptquartier befand sich damals in Lyon, und die Gruppe sollte eine der aktivsten und einflußreichsten unter den Organisationen

werden, die sich im Februar 1944 zum „Mouvement de Libération Nationale“ zusammenschlossen. Das Drucken und Verbreiten der Zeitung „Combat“ war eine der Hauptaufgaben der Gruppe gleichen Namens, obwohl sich ihre Tätigkeit keineswegs darin erschöpfte. Der „Combat“ erschien zuerst maschinengeschrieben, dann hektographiert, und war nicht ganz so groß wie eine normale Notizbuchseite; dann wurde er im gleichen kleinen Format gedruckt, bis er sich endlich an jenem siegreichen 21. August 1944, dem ersten Tag der Befreiung von Paris, im vollen Tageslicht zeigte und als Schriftleiter den Namen von Albert Camus trug. Camus übernahm nun offiziell die Leitartikel. Nach außen hin war er bis dahin ausschließlich als Lektor für das Verlagshaus Gallimard tätig gewesen; diese Stelle behielt er auch nach dem Kriege bei. Man kann heute mit ziemlicher Sicherheit sagen, daß Frankreich weder vorher noch nachher je eine Zeitung besessen hat, die sich in Haltung, Stil, Wert der Nachrichten, Interesse der Reportagen und tiefer Achtung vor dem Leser mit dem „Combat“ jener Zeit vergleichen ließe.

In diesen Kriegsjahren verlor Camus vielleicht für immer sein spontanes Vertrauen, daß das Leben trotz Leiden, Tod und Ungerechtigkeit seinem Wesen nach gut sei. Insbesonders verlor er die gelöste Leichtigkeit und seine optimistische Auffassung von den menschlichen Beziehungen, die seinen ersten Werken eine ganz eigene Anmut verleihen. Andererseits waren diese Jahre aber auch Jahre des Erfolgs, und zwar eines raschen und unerwarteten Erfolgs. Der 1942 erschienene „Etranger“ und „Le Mythe de Sisyphe“ (1943) machten ihn berühmt; die 1945 veröffentlichten vier „Lettres à un ami allemand“, die den unmittelbarsten Ausdruck seiner inneren Spannung und seines Leidens enthalten, entstanden zwischen Juli 1943 und Juli 1944. Von den drei großen Werken, mit denen sich Camus in jener Zeit beschäftigte, „La Peste“, „L'Homme révolté“ und „Le Malentendu“, verkörpert das letztere am deutlichsten die tiefen, verborgenen Ängste und die Verzweiflung des Menschen Camus.

In den ersten Tagen nach der Befreiung flossen Worte wie Hoffnung, Gerechtigkeit, Zorn oder Größe aus Camus' Feder, der nun an der Schwelle einer neuen Berühmtheit stand. Camus war an der Spitze des „Combat“ bereit, seine Rolle

bei der Erneuerung Frankreichs und bei der Wiedergewinnung des Glücks der Menschen zu spielen. Das Experiment dauerte bis 1947. Die Zeitung geriet jedoch in Geldnot und verlor ihre Unabhängigkeit. Camus zog sich zurück, und der „Combat" kehrte seiner heroischen Vergangenheit den Rücken und wurde ein Blatt des linken Zentrums, das sich kaum von einem Dutzend anderer unterschied. Während der drei Jahre seiner Mitarbeit schrieb Camus Hunderte von Leitartikeln. Nach seinem Rücktritt arbeitete er an keiner Zeitung regelmäßig mit, bis er 1955 eine Artikelserie über das Algerienproblem in dem von Mendès-France geleiteten „Express" veröffentlichte.
Camus' freundschaftliches Verhältnis zu Jean-Paul Sartre brach nach der Veröffentlichung von „L'Homme révolté" auseinander. Sartre warf Camus vor, er sei ein reaktionärer Bourgeois. Der Anlaß des Streites, der sich auf die aktuelle stalinistische Politik bezog, kann nicht darüber hinwegtäuschen, daß Camus und Sartre eine grundlegende Verschiedenheit der geistigen Einstellung trennte. Sartre lehnte zwar die philosophische Begründung des Marxismus ab, erkannte jedoch die marxistische Auffassung des historischen Determinismus an, den Camus seinerseits ablehnte. So stand Camus nach 1952 politisch ziemlich allein. Abgesehen vom täglichen politischen Kampf lasteten andere Pflichten auf ihm: er war Lektor bei Gallimard und Herausgeber einer Essay-Reihe unter dem Titel „L'Espoir". Im Winter 1946/47 hielt er Vorträge in den Vereinigten Staaten, 1949 in Südamerika. In rascher Folge ließ er vier Theaterstücke erscheinen: „Le Malentendu", „Caligula", „L'Etat de siège" und „Les Justes". 1947 erschien der Roman „La Peste" und 1951 der Essay „L'Homme révolté". Danach kehrte Camus sich von der Politik ab und wandte sich der Planung seines zukünftigen Werkes zu, obwohl er zwischen 1951 und 1956 kein größeres Buch veröffentlichte.
Als am 1. November 1954 der Aufstand von Philippeville ganz Algerien in Brand steckte, stand das Mutterland zutiefst betroffen da. Camus hatte schon immer die beiden Grundübel angeprangert, an denen Algerien litt: den Hunger und die Ungerechtigkeit der Unterdrückten. Nun fragte man sich überall, wie Camus wählen würde: Gleich zu Beginn der Feindseligkeiten spaltete sich die öffentliche Meinung Frankreichs in zwei unversöhnliche Lager auf, die

Rechte und die Linke. Die Rechte ergriff Partei für die französischen Kolonisten und vertrat die Verschmelzungsdoktrin; die Linke verteidigte dagegen die Unabhängigkeit Algeriens. Mit seinem „Appel pour une trêve civile en Algérie" vom 22. 1. 1956 und seinem Memorandum „Algérie 1958" bezog Camus eine mittlere Position. Er beschwor Frankreich, einerseits auf den Rechten der Algerienfranzosen zu beharren und andererseits dem algerischen Volk völlige Wiedergutmachung zu gewähren und es vom Kolonialsystem zu befreien. Jedoch: Wohin Camus sich auch wenden mochte, nur noch von seinem Ruhm beschützt, überall erhoben sich Fäuste gegen ihn. Für die Rechte war er ein Verräter oder gar ein „Überläufer", dessen Worte entstellt wurden. Für die Linke war er ein haltloser Idealist. Die Lösung der Algerien-Frage unter de Gaulle sollte er nicht mehr miterleben.
1953 war Camus zum Theater zurückgekehrt, und zwar anläßlich der Festspiele von Angers. Mit einem Schlage zählte Camus nun zu den großen Regisseuren seines Landes. Er setzte seine Theatertätigkeit auch in Paris fort, indem er 1956 seine Bearbeitung von Faulkners „Requiem for a Nun" selbst inszenierte. 1957 nahm Camus wieder an den Festwochen von Angers teil und inszenierte „Caligula" und die Tragikomödie „El Caballero de Olmedo" von Lope de Vega. Zu diesem Zeitpunkt dachte er bereits vor allem an das nächste große dramatische Werk, seine Inszenierung von „Les Possédés" nach Dostojewskijs Roman „Die Dämonen" und an „Un cas intéressant" nach Buzzati. 1954 war sein Erstlingswerk „L'Envers et l'Endroit" mit einem Vorwort neu aufgelegt worden. 1956 erfolgte die Veröffentlichung der viel diskutierten Erzählung „La Chute", und 1957, im Jahr der Entgegennahme des Literaturnobelpreises, erschien der Novellenband „L'Exil et le Royaume". Weitere Bücher waren in Vorbereitung: ein Roman mit dem Titel „Le premier Homme" und ein Stück, „Don Juan". Der Autounfall vom 4. Januar 1960, bei dem Camus tödlich verunglückte, setzte diesem Schaffensdrang ein jähes Ende. Albert Camus wurde in dem provenzalischen Dorf Lourmarin beigesetzt, das für ihn seit einigen Jahren zur Wahlheimat geworden war.

Der Fremde

2.1 Inhalt, Struktur und Erzähltechnik des Fremden

In „Reclams Romanführer“[2] wird der Inhalt des „Fremden“ wir folgt wiedergegeben: „Lähmende Hitze und nicht zu füllende Leere – das ist die Atmosphäre dieser Erzählung. Teilnahmslos läßt Meursault die Beerdigung seiner Mutter über sich ergehen; sie hatten einander nichts mehr zu sagen gehabt. Am nächsten Tag nimmt er nach dem Kinobesuch die hübsche Maria Cardona mit zu sich nach Hause. Sie fragt ihn, ob er sie liebe. „Ich antwortete ihr, das spiele keine Rolle, aber anscheinend nicht.“ – Bei einem Ausflug mit Maria und Raymond, Meursaults Nachbarn, kommt es zu einer Rauferei mit dem Bruder von Raymonds Freundin, einem Araber. Später kehrt Meursault, von der sengenden Sonne benommen, zurück und schießt Raymonds Gegner nieder. Er wird verhaftet. „Derselbe Mann, der sich am Tage nach dem Tode seiner Mutter den gemeinsten Ausschweifungen hingab, hat aus nichtigen Gründen getötet“, heißt es bei der Verhandlung. Schließlich hört Meursault sein Todesurteil. Die Zeit bis zur Hinrichtung vergeht in dumpfem Warten. „Jeder weiß, daß das Leben nicht lebenswert ist. Im Grunde wußte ich genau, daß es einerlei ist, ob man mit 30 oder 70 Jahren stirbt.“ Die Absurdität des Daseins hat ihn überwältigt, in sie läßt er sich fallen.“

„Der Fremde“ weist eine klare Struktur auf. Er ist in zwei gleich lange Hauptteile gegliedert, die jeweils sechs bzw. fünf Kapitel aufweisen (I, 1–6; II, 1–5). Die strukturelle Parallelität der beiden Teile ist ein modernes Phänomen, auf das noch einzugehen sein wird. Wie „Die Pest“, so beträgt auch die erzählte Zeit des relativ kurzen Romans „Der Fremde“ ein knappes Jahr. „Der Fremde“ wird in der Ich-Form erzählt; das dominierende Tempus ist das passé composé[3]. Die Ich-Erzählsituation ist neben der auktorialen und der personalen Erzählsituation[4] eine der drei typischen Erzählsituationen oder -haltungen. Der Ich-Erzähler gehört zur Welt der Romancharaktere; hier bei Camus ist er die entscheidende Romanfigur überhaupt: der „Fremde“ (oder der „Gleichgültige“, wie Camus seinen Roman ursprünglich nennen wollte). Der Ich-Erzähler erzählt, was er erlebt oder beobachtet oder was er von den anderen Figuren der Erzählung in Erfahrung gebracht hat. Er kann daher nur aus seiner eigenen, zeitlich und räumlich beschränkten Ich-Perspektive berichten; die Allwissenheit und Allgegenwärtigkeit eines distanzierten auktorialen Erzählers ist ihm im Grunde verwehrt, wenn es auch in der Praxis der abendländischen Romangeschichte mannigfaltige Beispiele für die Vermischung beider Haltungen oder Situationen gibt. Der Ich-Roman ist, z. T. als Bekenntnis-, Memoiren- oder Briefroman, vor allem seit der Mitte des 18. Jahrhunderts, seit dem Zeitalter der Empfindsamkeit und der Vorromantik, ein europäisches Ereignis geworden, wenn man nur an Rousseaus „Confessions" und „La Nouvelle Héloïse", Diderots „La Religieuse", Laclos' „Les Liaisons dangereuses" und Goethes „Werther" denkt. Der moderne Ich-Roman tendiert dahin, die Persönlichkeit des Erzählers, seinen Standpunkt in der dargestellten Welt, seine Haltung zu den erzählten Begebenheiten zum Gegenstand der Erzählung werden zu lassen. Im quasi autobiographischen Ich-Roman, in dem der Ich-Erzähler den Mittelpunkt der Geschichte einnimmt, bildet die Spannung zwischen erlebendem und erzählendem Ich die strukturelle Besonderheit des Romans. Traditionellerweise ist das Entscheidende dabei, daß die Ich-Figur ihr Leben erzählt, nachdem sie eine Wandlung durch Reue, Bekehrung oder Einsicht durchgemacht hat. Ob und inwieweit dies auch für den „Fremden" gilt, wird noch zu besprechen sein. Es sei jetzt schon gesagt, daß Meursault, der Fremde im gleichnamigen Roman, das dialektische Verhältnis zwischen erzählendem Ich und erlebendem Ich, das ein echtes typenbildendes Merkmal des Ich-Romans ist, dadurch aufzuheben versucht, daß er die zeitliche Distanz zwischen Erleben und Erzählen – vor allem im ersten Teil – möglichst gering hält. Dies erreicht er nicht nur durch den Gebrauch des passé composé, sondern auch dadurch, daß uns der Erzähler bewußt immer über die Frage im unklaren lassen wird, ob seine Darstellung eine tagebuchartige Aufzeichnung, deren Distanz zum Erleben minimal ist, oder ein vor der Hinrichtung in einem Guß verfaßter Lebensausschnitt seiner letzten zwölf Monate ist. So gering die Distanz auch sein mag – sie erlaubt dem Erzähler Meursault dennoch, sein eigenes Ich gelegentlich nicht unironisch zu betrachten.

2.2 Der Tod der Mutter

„Aujourd'hui, maman est morte. Ou peut-être hier, je ne sais pas. J'ai reçu un télégramme de l'asile: „Mère décédée. Enterrement demain. Sentiments distingués." Cela ne veut rien dire. C'était peut-être hier (7)."[5] Dies ist der berühmte, viel zitierte und viel kommentierte Romananfang, der diesem literarischen Werk eine eigenartige Atmosphäre auferlegt. Man weiß nicht, wer da spricht und kennt erst recht nicht die verstorbene Mutter; man erahnt weder Raum noch Zeit des erzählten Geschehens. Lieblos werden die Sätze nebeneinander gestellt, kurz, abgehakt, unverbunden. Das einzige menschliche Gefühl scheint das persönliche „maman" des Ich-Erzählers zu sein, während Beileidsbekundungen in dem Telegramm völlig fehlen. Die Zeitangaben des Erzählers sind nicht nur bewußt vage, sondern auch relativ, d. h. auf ein dem Leser unbekanntes Datum bezogen, auf ihm unbekannte Voraussetzungen, die man im traditionellen Roman zumindest schon wegen der Glaubwürdigkeit des Berichteten und der Illusion, Wirchlichkeit abzubilden, nachtragen würde, was hier bei Camus nicht oder nur partiell geschieht. Das Altersheim, von dem der Ich-Erzähler spricht, wird mit dem bestimmten Artikel eingeführt; auch dies also, als ob die Kenntnis der Umstände beim Leser vorausgesetzt werden könnte. Wer sich an das Verfahren des „nouveau roman" erinnert und Becketts „En attendant Godot" kennt, der weiß, daß man beim ersten diesen Romananfang als „trou", als Informationsmangel bezeichnet hat, und daß für das zweite das Fehlen eines ganz normalen „realistischen" Raum-Zeit-Koordinatensystems strukturell bestimmend ist. Camus' Fremder erweckt den Eindruck, als ob er hinter einer transparenten, aber schallundurchlässigen Wand sitzt und erzählt; die Wand wird in dem Augenblick weggenommen, in dem der Roman mit den oben zitierten Sätzen beginnt. An ihnen fällt dem unvoreingenommenen Leser sicherlich noch mehr auf: die Unwissenheit des Erzählers über das genaue Todesdatum, das ihn auch nicht sonderlich zu interessieren scheint, und das unnormale, befremdliche Verhalten eines Menschen angesichts des Todes seiner Mutter bzw. im Augenblick der Todesnachricht. Die beiden Einschränkungen („peut-être") dürften unterschiedlich zu interpretieren sein: das erste im

Sinne von „vielleicht“, das zweite etwa in der Bedeutung von „plutôt“. Schließlich scheint der Satz „Cela ne veut rien dire“ in seinem Bezug nicht ganz klar zu sein. Ist er auf die im Telegramm ausgedrückte Höflichkeitsfloskel oder auf das Fehlen einer präzisen Zeitangabe in der Nachricht vom Altersheim zu beziehen?
Meursault, so heißt der Ich-Erzähler, beschließt nun, nachmittags um zwei Uhr mit dem Bus ins 80 Kilometer entfernte Altersheim zu fahren, nachdem er sich von seinem Chef zwei Tage Urlaub erbeten und von einem Freund eine schwarze Krawatte und einen Trauerflor ausgeliehen hat („Il a perdu son oncle, il y a quelques mois.“). Wenn man zu Beginn des dritten Abschnittes liest: „J'ai pris l'autobus à deux heures“, dann meint man, der Erzähler habe nun seine Absicht verwirklicht und berichte nun von der Busfahrt nach oder von der Ankunft in Marengo. Der folgende Satz scheint diese Erwartung zu bestätigen: „Il faisait très chaud.“ Aber bereits der nächste Satz („J'ai mangé au restaurant, chez Céleste, comme d'habitude.“) ruft den Leser quasi zurück nach Algier, wo die Handlung spielt, denn in einer Art Rückblende werden völlig unvermittelt noch einige Fakten nachgetragen, so daß der zweite Satz („Il faisait très chaud.“) sich im nachhinein als Überleitungssatz herausstellt, da er sich sowohl auf den Zeitpunkt der Abfahrt als auch auf den des Mittagessens beziehen kann. Dieser Verzicht auf Erklärungen, Motivationen und Überleitungen zugunsten von Beschreibungen äußerer Zustände und Vorgänge ist typisch für den ganzen Roman; und es ist schlechthin unmöglich, den Leser auf alle entsprechenden Stellen aufmerksam zu machen. Als Beispiel soll noch die eben zitierte „Begründung“ für die Tatsache, daß sich Meursault bei Emmanuel die Zeichen der Trauer ausleiht, angeführt werden. In einem traditionellen Roman hätte Meursault sinngemäß gesagt: „Da ich wußte, daß Emmanuel vor einigen Monaten seinen Onkel verloren hatte, vermutete ich, daß er von den Trauerfeierlichkeiten noch eine schwarze Krawatte und einen Flor haben müßte. Ich fragte ihn danach und bat ihn, als er mir eine bestätigende Antwort gab, mir beide Dinge auszuleihen.“ Darüber hinaus würde in einem traditionellen Roman sicherlich nicht der Hinweis fehlen, daß er, Meursault, nicht mit dem plötzlichen Ableben seiner Mutter gerechnet und überdies noch nie an

einer Beisetzung teilgenommen habe. Diese ersten Ausführungen über Camus' Stil im „Fremden" zeigen auch, wie schwierig, ja nahezu sinnlos jede Inhaltsangabe unter diesen Voraussetzungen sein muß. Trotzdem können wir nicht völlig auf sie verzichten: Busfahrt unter der sengenden Sonne nach Marengo, Fußweg zum Altersheim, Gespräch mit dem Leiter (8), gemeinsame Wache mit dem Hausmeister und – während der Nacht – mit den anderen Insassen des Altersheims am Sarge seiner Mutter in der Leichenhalle (9–13), Vorbereitungen zur Beisetzung (13–15), Weg zum Friedhof (15–16), Beisetzung und Heimkehr nach Algier (17).

Wir hatten bereits beobachtet, daß die Nüchternheit der Sprache zum Teil durch die kurzen Hauptsätze erreicht wird, d. h. durch Fehlen von Nebensätzen und damit von Konjunktionen. Freilich gibt es hiervon auch eine Reihe Ausnahmen. Grund und Zweck eines Vorgangs werden oft durch „parce que", „comme" und „à cause de" mitgeteilt (z. B. 7,25; 7,26; 8,20 ff.; 9,23; 9,25; 10,36; 11,2; 15,16; 16,1; 16,9; 17,10). Aber in der Regel herrscht auf seiten des Erzählers Distanz, Mangel an Engagement, Sachlichkeit vor. Der Leser wird dadurch aufgefordert, Verbindungen selbst herstellen und Erklärungen sich selbst geben zu müssen. Der Bericht vom Tode und von der Beisetzung der eigenen Mutter kann wohl kaum nüchterner ausfallen: Die Trauer des Sohnes wird nirgendwo deutlich; die Darstellung seiner Gefühle ist auf ein Minimum reduziert. Andere und – unter dem Aspekt des „normalen" Menschen gesehen – z. T. völlig nebensächliche Ereignisse und Zustände haben durch die Gründlichkeit und Ausführlichkeit der Darstellung und durch das Interesse, das Meursault ihnen entgegen bringt, ein schockierendes Übergewicht. Menschen, die er vorher nie gesehen hat und die er keine Veranlassung hat wiederzusehen, werden bis in alle Einzelheiten beschrieben (z. B. Pérez, 15,4–11). Erwartet hätte man, daß Tod und Beisetzung der Mutter das zentrale Ereignis der Darstellung wären, vor allem unter dem Gesichtspunkt der sehr persönlichen Gefühle des Sohnes, verknüpft vielleicht mit Reminiszenzen an seine Mutter, mit Reflexionen über den Tod, den Sinn des Daseins usw., so daß ihm der Blick verstellt wäre für all das, was um ihn herum geschieht. Meursault aber macht keinen Unterschied (frz. „différence") zwischen wichtig und unwichtig, innen und außen. Er ist in – different, alles hat für ihn den gleichen Wert, ist gleich gültig. Alles steht auf der gleichen Ebene. Auf der formal-stilistischen Ebene drückt sich dies durch Aneinanderreihen von Hauptsätzen aus, deren Verbindung („enchaînement") fehlt; auf der inhaltlichen Ebene von Gefühlen, Beschreibungen und Vorgängen steht eins neben dem andern – der Tod der Mutter, die Darstellung der verschiedenen Personen, die Beschreibung des heißen Tages, des Sarges, des Hutes von Pérez usw.

Meursault scheint – wenn man von seiner Darstellung auf seinen Charakter schließen darf – ein von der Norm abweichender, seltsamer („étrange") Mensch zu sein, dessen Interesse für zentrale Ereignisse gering, für Randerscheinungen aber groß ist. Vieles ist ihm gleichgültig. Das zeigt sich in der häufigen, fast stereotypen Formulierung „Je ne sais pas" (z. B. 7,1; 9,26; 10,1; 11,2; 12,34; 16,9), die wohl nicht nur seine Unwissenheit, sondern vielmehr sein Nicht-Wissen-Wollen, seine Gleichgültigkeit ausdrückt. Andererseits fallen bereits im ersten Kapitel einige nachträgliche Selbstkorrekturen am Verhalten Meursaults und Richtigstellungen früherer Eindrücke auf, die nicht nur von der oben erläuterten Spannung zwischen erlebendem und berichtendem Ich Zeugnis ablegen, sondern auch als Vorausdeutungen auf seinen späteren Prozeß zu werten sind. Gleichzeitig wird dadurch erreicht, daß sich der Eindruck des unmittelbar Niedergeschriebenen verwischt. Als Beispiele seien zitiert: „J'ai pensé alors que je n'aurais pas dû lui dire cela (7)"; „Je sentais que je n'aurais pas dû dire cela (9)"; „Mais je crois maintenant que c'était une impression fausse (12)".

Andere Eindrücke und Gefühle Meursaults sind neben seinen Rechtfertigungen und Entschuldigungen hervorzuheben: seine physische Belastung auf der Fahrt ins Altersheim, bei der Nachtwache und auf dem Weg zum Friedhof. Immer wieder betont er seine Müdigkeit, seinen Durst und die Wirkungen der sengenden Sonne. Andererseits läßt er sich am frühen Morgen von der Schönheit der Landschaft und von seiner Einbildungskraft in lyrischer Begeisterung, die an Camus' Erstlingswerk erinnert, forttragen: „C'était une belle journée qui se préparait ... je sentais quel plaisir j'aurais pris à me promener s'il n'y avait pas eu maman

(13)." „Je regardai la campagne autour de moi. A travers les lignes de cyprès . . . . , je comprenais maman. Le soir, dans ce pays, devait être comme une trêve mélancolique." Aber die harte Wirklichkeit ruft ihn zurück: „Aujourd'hui, le soleil débordant qui faisait tressaillir le paysage le rendait inhumain et déprimant (15)." Die Welt seiner Seele wird von dem bestimmt, was seinen Sinnen widerfährt. Sein Verhältnis zu seiner Mutter wird von dem Filter bestimmt, den Licht und Sonne, Geruch des Meeres und Farbe der Erde darstellen. Das Verständnis für seine Mutter ist ein rein äußerliches und oberflächliches. Seine eigenen Sinnesfreuden haben Vorrang, wie „plaisir" (13,19), „envie de fumer" (11,2) und „joie" (17,18) zeigen. Der Schlußabschnitt dieses ersten Kapitels, aus dem soeben Meursaults Freude bei der Rückkehr nach Algier zitiert wurde, mutet wie ein Vergessen- und Beerdigenwollen des Erlebten an. Vorbereitet wird dieses Bestreben Meursaults durch „vite" (16,15) und „précipitation" (16,36), die sich beide auf die eigentliche Beisetzung beziehen, aber eher das subjektive Zeitempfinden des Erzählers widerspiegeln als das objektive Zeitmaß. Dieser schnelle Zeitablauf steht ganz im Gegensatz zu der nur langsam fließenden Zeit vor dem Abmarsch des Trauerzuges (15,17). Die Subjektivität der Zeit läßt sich auch sprachlich-stilistisch an dem Verhältnis von Erzählzeit und erzählter Zeit nachweisen: ist die Erzählzeit verhältnismäßig lange, so scheint die Zeit für Meursault still zu stehen; ist sie dagegen — wie im Schlußabschnitt des Kapitels — sehr kurz, so scheint die Zeit von sich schnell überschlagenden Ereignissen angefüllt zu sein. Der impressionistisch-elliptische Teil des Schlußsatzes dieses Kapitels (17,12—18) — reich an Nominalkonstruktionen, von denen zwei Relativsätze abhängen — läßt die Aufreihung von Eindrücken und Ereignissen zu einer Klimax ansteigen, die im zweiten Teil des Satzes mit dem Wiedereintreffen in Algier und der Aussicht auf langen Schlaf als sinnliche Katharsis abklingt.

Auch andere Textstellen zeigen, daß Meursault bestimmte Gefühle äußert und auch seismographisch genau registriert: sein Erstaunen, seine Bestürzung, seine Überraschung, sein inadäquates Verhalten, sein peinliches Berührtsein, sein Zögern, seine Verwirrung. Dies sind Regungen, die zum Teil von seiner eigenen Verhaltensnorm, zum Teil aber auch von der der Gesellschaft abweichen. Meursaults ausgezeichnete Beobachtungsgabe erstreckt sich jedoch nicht nur auf sein eigenes Ich, sondern auch auf die Welt, mit der er unfreiwillig in Berührung kommt, besonders auf die Menschen. Da sind vor allem als Individuen der Direktor, der Hausmeister und Pérez, der letzte Freund seiner Mutter. Daneben spielen die alte Frau, die Wache hält, und die diensthabende Krankenschwester eine geringe Rolle. Von besonderer Bedeutung scheinen Meursault die alten Männer und Frauen zu sein, die am Abend zu ihm und dem Hausmeister in die Leichenhalle kommen, um mit ihnen Totenwache zu halten. Für Meursault scheinen sie ein visuelles Erlebnis besonderer Art und Anlaß zur Karikatur zu sein: „Je les voyais comme je n'ai jamais vu personne" (11,26; auch: 11,30 f.). „J'avais peine à croire à leur réalité." Sie sind da und scheinen dennoch nicht wirklich zu sein. Sie sehen Meursault an, wobei sie mit dem Kopf nicken, und sitzen ihm schweigend gegenüber. „J'ai eu un moment l'impression ridicule qu'ils étaient là pour me juger (12)." Später vermerkt er: „J'avais même l'impression que cette morte, couchée au milieu d'eux, ne signifiait rien à leurs yeux. Mais je crois maintenant que c'était une impression fausse (12)."

Meursault ist ein Anti-Held par excellence. Seine Passivität und Indifferenz äußern sich allenthalben. Das einzige, was er im Grunde genommen in diesem ersten Kapitel tut, ist seine Teilnahme am Heimgang seiner Mutter. Und auch dies geschieht – wie gezeigt wurde – ohne Interesse; es ist ein bloßes inter-esse, dabei – sein. Seine Passivität äußert sich im Nicht-Handeln, Nicht-Reden, Nicht-Verstehen, Nicht-Wissen (z. B. 14,24; 14,32; 16,3). Wenn er redet oder handelt, dann fast ausschließlich als Reaktion auf die Fragen der anderen (vgl. Camus-Text, S. 86) oder auf die Atmosphäre, die ihn bedrückt bzw. auf das Wetter (Sonne!), das auf ihn wirkt. Wenn Meursaults Gefühle und Eindrücke gezeigt haben, wie sehr er auf sich bezogen ist, so wird der Leser in dieser Auffassung bestärkt, wenn er Meursaults Passivität als Mangel an Kommunikation mit der Gesellschaft und mit der Geschichte interpretiert. Dabei ist es nicht so, daß Meursault sich nicht seiner Distanz zur Gesellschaft auch bewußt wäre. Er legt gerade Wert auf die Feststellung, daß seine Sicht der Menschen, die er kennt und

kennenlernt, sehr subjektiv und nur vorläufig ist. Oft drückt er dies mit vorsichtigen Formulierungen durch „sembler" bzw. „paraître" und durch „avoir l'impression" aus. Als bestes Beispiel dazu dient der Passus über die „amis de Madame Meursault", aus dem oben zitiert wurde. Sie sind für ihn fast irreale Wesen, die lächerlich erscheinen und deren Dasein ihm sogar einmal sinnlos vorkommt. Eine indirekte Angabe über die Zeit der Abfassung seines Lebensberichtes scheint Meursault im gleichen Zusammenhang zu geben, denn er verweist mit seinem „je crois maintenant que c'était une impression fausse" möglicherweise auf die spätere Gerichtsverhandlung und die Untersuchungshaft, während der er Zeit für die Abfassung seiner Geschichte gefunden haben mag und aus deren Rückschauperspektive verschiedenes anders dargestellt werden muß als beim ursprünglichen Erleben. Diese Rückblende – wenn sie als solche gedacht ist – spielt auch bei seinem Eindruck, die Alten seien da „pour me juger (12)", eine wichtige Rolle. Dem geht folgende Textstelle voraus: „C'est à ce moment que je me suis aperçu qu'ils étaient tous assis en face de moi à dodeliner de la tête." Es scheint mir unabweisbar zu sein, daß Camus hier auf die spätere Situation des „cour d'assises" verweist, wo die Geschworenen über Meursault ihren Urteilsspruch zu fällen haben werden.
Meursaults Passivität hat ihre Grenzen, denn ihre Extremform wäre das totale Schweigen des Ich sich selbst und dem Leser gegenüber. Entscheidend ist daher gerade Meursaults Beobachtung und Darstellung, die Schärfe seiner Sinne, unter denen der optische dominiert, die intellektuelle Umsetzung und die verbale Registrierung des Gesehenen und Geschehenen. Meursault prägt dafür einen eigenen Ausdruck: „le regard et les idées (16)". Das ist seine ihm eigene Perspektive, unter der das Seiende erscheint und als solches erkannt und gefühlt wird.

2.3 Ein Wochenende

Das Thema des zweiten Kapitels ist die Darstellung der auf die Beerdigung (freitags) folgenden beiden Tage Samstag und Sonntag, die die natürliche Zweiteilung dieses Kapitels bilden. Der Samstag ist der Tag mit Marie; am Sonntag

„verkehrt" Meursault mit Menschen nur auf Distanz – nämlich beobachtend. Wo Kommunikation durch Wort oder Geste stattfindet, geht diese von anderen aus und bleibt meist einseitig (20,11; 21,2); ein einziges Mal ergreift Meursault da die Initiative, wo es existentiell notwendig und unumgänglich ist (21,14), nachdem er aber vorher in der gleichen Situation auf Bequemlichkeit und Einkauf verzichtet hatte (19,3 ff.).
Melancholie, Spleen und Langeweile („ennui") sind seit der Romantik und seit Flauberts „Madame Bovary", z. B. bei Baudelaire und bei existentialistischen Schriftstellern wie Sartre („La Nausée") und Sagan („tristesse"), verschiedene Erscheinungsformen, sich mit der Welt, mit der Zeit oder mit sich selbst auseinanderzusetzen.[6] Sie drücken alle ein subjektives Zeitenmpfinden aus, das nicht nur akzidentell ist, sondern selbst immer mehr zum Thema des Romans oder auch des Dramas geworden ist – und sei es auch als „Suche nach der verlorenen Zeit" (Proust) oder als „Warten auf Godot" (Beckett). Das inhaltsleere Wochenende Meursaults mit Marie oder auch alleine ist bestimmt von sinnlichen und optischen Eindrücken, die ohne Unterschied nebeneinander registriert werden und wiederum von der Indifferenz, der Gleichgültigkeit der Romanfigur Zeugnis geben.
Das ganze zweite Kapitel ist ein Lehrstück über die subjektive Zeit. Die Zeit als Maß der Bewegung (Aristoteles) ist meßbar anhand von Veränderungen auf dem Hintergrund ruhender Pole. Begriffe wie „Zeitraum" und „Zeitspanne" und andere deuten bereits an, daß die Kategorie des Raumes dazu dienen muß, Zeit zu messen. Ruhepol, Fix- oder Orientierungspunkt ist hier im Roman Meursault selbst. Die Erwähnung der Mahlzeiten, die Zeitangaben wie Mittag und fünf Uhr, der Umschlag des Wetters und die Abnahme des Tageslichtes sind Veränderungen, die uns das gleichmäßige Fließen der objektiven Zeit sichtbar machen. Die bloße Beschreibung der Leute, die Meursault am Sonntag von seinem Balkon aus beobachtet, würde zwar ein „tableau" ergeben, aber noch nicht die Vorbedingung des „ennui" erfüllen, nämlich die Darstellung des langsamen Verstreichens der subjektiven Zeit. Bei Beschreibungen im klassischen Roman, z. B. bei Balzac, hat man nicht im geringsten den Eindruck, daß sich der meist auktoriale Erzähler langweilt

oder dieses Gefühl beim Leser erwecken will. Auch die Bewegungen, die Meursault als der ruhende Pol auf dem Balkon seiner Wohnung registriert, sind nicht gleichförmig. Es ist ein stetes Auf und Ab, Kommen und Gehen, ein Alternieren von ruhigen und lebhaften Stunden; am Mittag und späten Nachmittag herrscht größerer Betrieb, am frühen Nachmittag und Abend beobachtet Meursault dagegen weniger Menschen und Fahrzeuge. Dies ist keineswegs eine Parallelität in der Struktur, sondern zeigt – wie das Beispiel der Familie mit dem distinguierten Vater beweist – eine Hin- und Herbewegung, im Endeffekt also eine Rückkehr zum Ursprung, die man in der Form einer Kreisbewegung veranschaulichen könnte. Eine so ausführliche Darstellung eines langweiligen (18,35; 19,8) Sonntags hätte im traditionellen Roman einen inhaltlichen Verweisungscharakter, würde Zeichen setzen für spätere Entwicklungen und Geschehnisse, enthielte Andeutungen, auf die der Romancier später zurückgreifen könnte. Hier dagegen wird die Zeit selbst thematisiert, und Meursault spiegelt sich in ihr. Ginge es nur darum zu sagen, er habe einen langweiligen Sonntag verbracht, so hätte ein Satz, vielleicht ein Abschnitt genügt. Das ausführliche Registrieren der Langeweile ist dagegen ein für den modernen Roman typisches Moment. Würden von Meursault beobachtete Personen oder Vorgänge im weiteren Verlauf des Romans eine Rolle spielen, so hätte sie der traditionelle Romancier herausgegriffen oder doch dem Leser als solche auf irgendeine Weise suggeriert. Wir sind dagegen der Überzeugung, daß der „Fremde" in seinem Wesensgehalt angegriffen würde, wenn man auf die Darstellung des Sonntags verzichtete. So scheint uns eine Kürzung dieses Romans – z. B. für eine Schulausgabe – entschieden problematischer zu sein, als dies etwa bei der „Pest" der Fall ist.

Meursault mag den Sonntag nicht[7], weil er ihn aus der Bahn der gleichförmigen Bewegung des Alltags wirft. Den Samstag verbringt er zufällig und ohne echte Liebesbeziehung noch mit Marie Cardona, einer ehemaligen Sekretärin seines Büros, die er im Schwimmbad trifft, abends ins Kino zu einem Fernandel-Film begleitet und anschließend mit zu sich nach Hause nimmt, wo sie ihn in der Nacht oder in den frühen Morgenstunden allein läßt. Natürlich ist dies alles auf dem Hintergrund der Beisetzung vom Vortage und von

einem „normalen“ Verhalten aus beurteilt schockierend, was Meursault nicht völlig zu entgehen scheint (18,28). Aber er handelt ja so, wie er handelt, nicht um zu schockieren. Er ist kein Protestler, kein Revolutionär; er hat weder soziale noch politische Ideen oder Ambitionen. Andererseits registriert er genau das „normale“ Verhalten der anderen, z. B. die Überraschung bei Marie, als sie ihn nach dem Baden mit einer schwarzen Krawatte sieht; dann, als sie den – übrigens falschen – Zeitpunkt des Ablebens seiner Mutter erfährt: „Elle a eu un petit recul (18).“
Am Sonntag ist Meursault also ganz allein. Am frühen Nachmittag stellt er wie zur Selbstbestätigung fest: „C'était vraiment dimanche (20)“: Alles ist so, wie er es von den früheren Sonntagen her gewohnt war. Einen Vergleich mit den früheren Sonn- oder Feiertagen stellt er aber explizit nicht an, denn er lebt vorwiegend präsentisch. Jedes der drei ersten Kapitel des Romans beginnt mit „aujourd'hui“ (7; 17; 21), obwohl es sich immer um einen anderen Tag handelt (zuerst Donnerstag, dann Samstag, schließlich Montag). Dies ist das für Tagebücher übliche Verfahren, das Camus bereits von Roquentin aus Sartres „La Nausée“ kannte, hatte er doch diesen berühmten Roman seinerzeit rezensiert. – In Meursaults Gedankenwelt spielt seine tote Mutter weiterhin nur eine Nebenrolle (die Psychologen würden vielleicht von einem Verdrängungsvorgang sprechen), obwohl doch gerade dieser ausgedehnte Sonntag ihm die Möglichkeit gegeben hätte, ihr einige Erinnerungen und Gedanken zu widmen. Auch dafür ist die ausführliche Darstellung des langweiligen Sonntags notwendig, zeigt sie doch viel deutlicher, als dies ein kurzer Streifzug über sein Wochenende überhaupt könnte, seine indifferente Einstellung. Das Bild der Mutter taucht periphär in Entschuldigungen bzw. Rechtfertigungen (17,27; 18,26 ff.: „faute“, „fautif“) und in Meursaults Fazit am Ende des Kapitels auf, das mit der banalen, aber – nach der Beschreibung des Tagesablaufs – überzeugenden Einsicht endet, es sei alles beim alten geblieben und die Dinge haben sich nicht verändert, und zwar weder sie noch die Menschen. Alles kehrt an seinen Platz zurück: Die Kinogänger gehen nach Hause, Meursault zieht sich in sein Zimmer zurück. Wie zwei Abende zuvor, so faßt er in seinem Schlußgedanken die Haupt- oder letzten Eindrücke des Tages summarisch zusammen, ohne

einen andeutenden Ausblick auf den folgenden Arbeitstag zu vergessen (21,18–21). So zeigt sich Camus' Abwendung vom traditionellen Entwicklungsroman psychologisierender Art und seine Modernität als Romancier, die – wie mehrfach nachgewiesen und auch von Camus hervorgehoben wurde – nicht ohne Vorläufer in Frankreich und Amerika war, gerade hier im zweiten Kapitel seines „Fremden".

2.4 Freunde und Nachbarn

Im dritten Kapitel des „Fremden" teilt Meursault seine Erlebnisse vom ersten Arbeitstag nach dem durch den Tod seiner Mutter verursachten verlängerten Wochenende mit. Die ersten drei Abschnitte berichten zwar vom Tagesablauf bis zum frühen Abend, haben aber im Verhältnis zu dem, was Meursault im Laufe des Abends erlebt und wesentlich ausführlicher schildert, nur untergeordnete Bedeutung. Es scheint sich in dieser Einleitung nur um belanglose, unverbundene Details zu handeln: um die Frage seines Chefs nach seiner Verfassung und nach dem Alter seiner Mutter; um Meursaults Arbeit in einem Hafenbüro; um Meursaults Gewohnheit, sich lieber mittags als abends die Hände zu waschen, weil dann das allgemein benutzte Handtuch noch nicht so feucht ist (für seinen Chef ein „détail sans importance", 22); um sein und Emmanuels spontanes Aufspringen auf einen fahrenden Lastwagen; um sein Mittagessen bei Céleste, seinen Mittagsschlaf, seinen Nachmittag im Büro und seine Rückkehr nach Hause. Dieser Tagesablauf scheint auch für Meursault nichts Besonderes zu beinhalten, sondern ganz seinen sonstigen Gewohnheiten zu entsprechen. Es bestätigt sich also erneut, daß es für Meursault nicht die geringste Veranlassung gibt, daran etwas zu ändern. Das hat er auch schon unmittelbar beim Eintreffen der Todesnachricht so empfunden: „Pour le moment, c'est un peu comme si maman n'était pas morte. Après l'enterrement au contraire, ce sera une affaire classée et tout aura revêtu une allure plus officielle (7)." Am Sonntagabend hat er es noch einmal registriert („somme toute, il n'y avait rien de changé", 21) und jetzt im Büro auch von seinem Chef bestätigt bekommen („c'était une affaire terminée", 21). Des-

halb weicht er den Fragen und Anspielungen, die mittelbar oder unmittelbar seinen Trauerfall betreffen, weitgehend aus (21,25; 22,17).
Als Meursault um sechs Uhr, mit sich und der Welt zufrieden („heureux", „content", 22), nach Hause kommt, trifft er im Treppenhaus den alten Salamano, seinen Flurnachbarn. Salamano ist durch eine Art Haßliebe mit seinem Hund verbunden, den er seit acht Jahren regelmäßig zu derselben Stunde ausführt. Herr und Hund haben so sehr ihre Gewohnheiten aufeinander abgestimmt, daß sie sich in vielem ähnlich geworden sind, sogar bis in die Krankheiten hinein: „A force de vivre avec lui, seuls tous les deux dans une petite chambre, le vieux Salamano a fini par lui ressembler ... Le chien, lui, a pris de son patron une sorte d'allure voûtée, le museau en avant et le cou tendu. Ils ont l'air de la même race et pourtant ils se détestent (22)." Sie erinnern bis zu einem gewissen Grade an das Herr-Knecht-Verhältnis zwischen Pozzo und Lucky in „En attendant Godot", das noch unmenschlicher erscheint, weil Lucky schließlich kein Hund ist. Neben anderen Unterschieden muß noch ein abweichendes Moment hervorgehoben werden: Bei Beckett könnte das Herr-Knecht-Verhältnis auch umgekehrt sein, wie Pozzo eingesteht, der es einem Zufall verdankt, daß er Herr und nicht Knecht ist.[8] Für alle Herr-Knecht-Verhältnisse gilt, daß sich Stellung und Rolle des einen immer nur aufgrund der Existenz des anderen ermöglichen und definieren lassen. Dies zeigt sich hier bei Camus auch in dem Spannungsverhältnis zwischen Salamano und seinem Hund, das sich in der Hundeleine symbolisch manifestiert („tirer", „traîner", „entraîner", 23): „Ils se regardent, le chien avec terreur, l'homme avec haine." Wenn Meursault zweimal den alten Mann danach fragt, was der Hund getan habe, dann bedeutet dies nicht, daß Meursault hier seine Indifferenz zugunsten eines bescheidenen Engagements oder Protestes gegen die Ungerechtigkeit des Alten oder die Wehrlosigkeit des Hundes aufgibt. Das Wimmern des Hundes wird zwar mehrmals von Meursault registriert, kann aber wohl kaum als Zeichen, das den Menschen daran erinnert, keine Ungerechtigkeit zu begehen, interpretiert werden, wie es Gadourek möchte.
In diesem Augenblick kommt Raymond Sintès, Meursaults zweiter Flurnachbar. Offiziell gibt er sich als Lagerist aus,

in Wirklichkeit ist er Zuhälter. Das von Meursault angedeutete Porträt zeichnet ihn nicht unbedingt positiv: ziemlich klein, breite Schultern, Boxernase, aber immer korrekt gekleidet. Er ist schon einige Male bei Meursault gewesen, weil dieser die Gabe besitzt, einem Menschen zuhören zu können. Und was Sintès erzählt, interessiert Meursault sogar (23). Raymond Sintès lädt Meursault ein, mit ihm in seiner Wohnung zu Abend zu essen. Als Meursault beobachtet, wie Sintès seine rechte Hand verbindet, erfährt er von diesem, daß er eine Schlägerei mit dem Bruder seiner Mätresse gehabt habe. Wegen dieser Angelegenheit bittet er Meursault nun um einen Rat, denn Meursault kenne das Leben und könne ihm helfen. So würde Sintès Meursaults „copain" werden. „Je n'ai rien dit et il m'a demandé encore si je voulais être son copain. J'ai dit que ça m'était égal: il a eu l'air content (24)." Sintès erzählt nun die Geschichte seiner Mätresse, die ihn betrogen hat und an der er sich rächen will (24—26). Schließlich will er von Meursault wissen, was er von der Geschichte halte. „J'ai répondu que je n'en pensais rien, mais que c'était intéressant (26)." Meursault bestätigt Sintès im weiteren Verlauf in seinen Ideen und Absichten und schreibt schließlich für ihn einen Brief an Sintès' Mätresse. „J'ai fait la lettre. Je l'ai écrite un peu au hasard, mais je me suis appliqué à contenter Raymond parce que je n'avais pas de raison de ne pas le contenter (26)." Sintès ist zufrieden, und unter diesem Eindruck und der Wirkung des inzwischen von beiden verzehrten Weines duzt er Meursault und nennt ihn einen „vrai copain" (27). „Cela m'était égal d'être son copain." Als Meursault seine Müdigkeit nicht mehr verbergen kann, meint Sintès, er dürfe sich nicht gehen lassen. Meursault versteht diese Anspielung auf den Tod seiner Mutter zuerst nicht. „Il m'a expliqué alors qu'il avait appris la mort de maman mais que c'était une chose qui devait arriver un jour ou l'autre. C'était aussi mon avis (27)." Der Tod wird damit zu einem natürlichen, banalen und unabwendbaren, d. h. einzuplanenden Ereignis herabstilisiert.

Das anfängliche Interesse Meursaults für Raymond Sintès ist kaum größer als das für seinen anderen Etagennachbarn. Im Laufe des Gesprächs geht Raymond in seiner anbiedernden Art von der Höflichkeitsform (24,10; 25,23) zur Du-Form über (26,36; 27,2), nachdem aber Meursault selbst

in seiner indirekten Wiedergabe der Unterhaltung fast unbemerkt das steife „Sintès" zugunsten des vertraulicheren Vornamens ausgetauscht hat. Meursault, dem es egal ist, ob der von Raymond „copain" genannt wird, läßt sich in dessen Angelegenheit, die ihn im Grunde nicht interessiert – auch wenn er es aus Höflichkeit oder Bequemlichkeit Raymond gegenüber nicht direkt zugibt – hineinziehen. Warum sollte er nicht mit Raymond sprechen (schließlich hat er ja keine Vorurteile gegen Zuhälter), warum ihn nicht zufriedenstellen? So würde er allen Leuten, die ihn fragen, helfen, so lange sie nicht von ihm verlangen, er solle sein Leben ändern. Beeindruckt ist Meursault nicht von Raymonds Geschichte, sondern von der Tatsache, plötzlich geduzt zu werden. Er merkt dies erst beim zweiten Mal bzw. er erinnert sich später genau an diesen Augenblick. Man kann also weder sagen, daß Meursault den geforderten Brief an Raymonds Mätresse mit innerer Beteiligung schreibt noch daß er Raymonds brutale Züge billigt oder selbst brutal ist.
Die Frage nach der Bedeutung der Geschichte dieser beiden so unterschiedlichen Etagennachbarn für Meursault ist nicht leicht zu beantworten. Es gibt sicherlich gewisse Parallelitäten zwischen Salamano und Raymond und zwischen ihren jeweiligen Beziehungen zu den von ihnen abhängigen namenlosen Wesen. Sie stellen beide sicherlich nicht den Typ des „normalen" oder für bürgerliche Verhältnisse wünschenswerten Nachbarn dar. Vielleicht berichtet Meursault gerade aus diesem Grunde so ausführlich von ihnen, weil auch er schließlich ein seltsames Dasein führt. Im Gegensatz zu den beiden Nachbarn ist er, sieht man von Zufallsbekanntschaften ab, völlig allein und weitgehend unabhängig.

2.5 Ein Sonntag

Das vierte Kapitel weist einige auffällige strukturelle und inhaltliche Parallelitäten und Übereinstimmungen mit den beiden vorausgegangenen Kapiteln auf. Wie im zweiten Kapitel beschreibt Meursault hier seine Wochenenderlebnisse. Während dort das Zusammensein mit Marie nur bis Samstag Nacht währte, bleibt sie nun bis Sonntag Mittag.

Auch der Nachmittag und Abend des Sonntags vergehen diesmal für Meursault weit weniger langweilig als am vorausgegangenen Wochenende. Die voneinander unabhängigen Geschichten Raymonds und Salamanos erfahren nämlich jetzt einen ersten Höhepunkt, der darauf hinausläuft, daß beide am Ende allein sind – der eine ohne Mätresse, der andere ohne Hund. Dies ist jedoch eine Art Schwebezustand, noch nichts Endgültiges und Abgeschlossenes, weil es offen bleibt, wie sich die Beziehungen der beiden zu den Wesen, die sie „verloren" haben, weiterentwickeln werden. Während Raymond seiner Mätresse droht, daß sie sich noch sprechen werden, hofft Salamano, daß er seinen Hund wiederfinden wird. Meursault, der bisher fast ohne Kontakt zu seinen beiden Nachbarn in dem Mietshaus gelebt hat, wird nun in ihre Geschichte verstrickt. Die anfängliche Beziehungslosigkeit der Menschen, Ereignisse und Dinge um Meursault wird allmählich aufgegeben, und die auf den ersten Blick nebeneinander herlaufenden Fäden werden sich bald zu einem Knoten verstricken. Diese Konvergenz spiegelt sich auch erzähltechnisch dadurch wider, daß Camus die Geschichte der beiden Nachbarn nicht mehr säuberlich voneinander trennt, sondern an den Nahtstellen miteinander vermischt. Außerdem erhält Marie Kenntnis von den Ereignissen, sei es aufgrund von Meursaults Erzählungen, sei es aufgrund eigener Anschauung.
Marie spielt für Meursault nach wie vor die gleiche Rolle, wie die Begriffe „envie" (18,5; 27,28; 28,26) und „seins" (18,7; 18,31; 27,29) erkennen lassen. Sie verkörpert die rein physische Lust, die – in Verbindung mit Sonne und Meer – Meursault das ihm eigene Glücksgefühl erleben läßt. Für Marie hingegen hat sich ihre Beziehung inzwischen so weit vertieft, daß sie ihn fragt, ob er sie liebe. „Je lui ai répondu que cela ne voulait rien dire, mais qu'il me semblait que non (28)."
Raymonds Handgreiflichkeit, seine Auseinandersetzung mit dem von einem Hausbewohner herbeigerufenen Polizisten und sein Gespräch mit Meursault bilden den Höhepunkt dieses Kapitels. Die sehr szenische Darstellung im Treppenhaus ist frei von Meursaults Gefühlen. Meursault sieht sich auch nicht veranlaßt einzugreifen. Man würde ihm sicherlich nicht gerecht werden, wenn man ihn vom Standpunkt einer bürgerlichen Moral aus, den seine Richter später ver-

treten werden, wegen „unterlassener Hilfeleistung“ verurteilte. Selbst als er mit Raymond unter vier Augen ist, macht er diesem keine Vorwürfe. Er wird sogar eine falsche oder zumindest nicht abgesicherte Zeugenaussage zugunsten seines Nachbarn machen, was übrigens wiederum ein diskreter Hinweis auf den zweiten Teil des Romans ist. Meursault denkt sich genau so wenig dabei wie wenige Tage zuvor, als er für Raymond den Brief an die Mätresse schrieb: „Moi, cela m'était égal (30).“ Seine Indifferenz geht also bereits so weit, daß er die Grenze zur strafbaren Handlung überschreitet. Raymond ist in jeder Hinsicht zufrieden: mit sich selbst über seine erfolgreiche Bestrafung der Frau, und mit Meursault als nicht nur moralische Unterstützung. Meursault seinerseits notiert: „Je le trovais très gentil avec moi et j'ai pensé que c'était un bon moment (30).“
Im Treppenhaus treffen sie Salamano ohne Hund an. Dieser hatte sich von dem zu weiten Halsband befreien können und war seinem Herrn davongelaufen. Als Meursault allein ist, klopft Salamano an seine Tür, weil er die Gewißheit haben möchte, daß man ihm seinen Hund zurückgeben werde, denn was würde sonst aus ihm, Salamano, werden? Als Meursault dies versichert, läßt Salamano ihn allein. Meursault hört durch die dünne Zwischenwand, wie das Bett seines Nachbarn knarrt. „Et au bizarre petit bruit qui a traversé la cloison, j'ai compris qu'il pleurait. Je ne sais pas pourquoi j'ai pensé à maman. Mais il fallait que je me lève tôt le lendemain. Je n'avais pas faim et je me suis couché sans dîner (31).“ Während das vorangegangene Kapitel mit dem Wimmern des Hundes schloß, wird es hier mit dem Weinen seines Herrn beendet. Wie am Schluß des zweiten Kapitels, so denkt Meursault auch hier am Abend kurz an seine Mutter. Aber die Nuance hat sich inzwischen verlagert von einem sachlichen Tatbestand, an den er sich bewußt erinnert (21), zu einem persönlich gefärbten Gefühl, das ihn wie eine „mémoire involontaire“ heimsucht. Vielleicht ist das Weinen des alten Mannes über den Verlust seines Hundes das auslösende Moment dieser unwillentlichen Erinnerung. Auf jeden Fall wird der Gedanke an die Mutter nicht fortgesetzt oder näher präzisiert; die gewaltsame Verdrängung des Un- oder Unterbewußten geschieht wie vorher (21) mit Hilfe eines banalen Vorwandes, nämlich seiner Verpflichtung, am folgenden Morgen früh aus dem Bett zu

müssen. Die Mutter als der stumme Begleiter der Erzählung Meursaults wird wiederum in den Hintergrund geschoben und durch den Schlaf aus dem Bewußtsein verdrängt.

2.6 Ein Werktag

Das fünfte Kapitel legt in besonderer Weise einen Akzent auf Meursaults Gleichgültigkeit in allen drei Lebensbereichen – Familie (Liebe, Ehe), Beruf, Freizeit. Insofern könnte man dieses Kapitel als „Die Ausnahme und die Regel" bezeichnen, weil es Menschen und Situationen darstellt, die „normales" Verhalten erwarten und andere, die „unnormal" agieren und reagieren. Dies trifft übrigens auch auf die „bizarre petite femme automate" zu, die Meursault bei Céleste beobachtet (33,3[']–34,19).

In dieser Hinsicht ist der Abschnitt über die Unterredung Meursaults mit seinem Chef ergiebig. Er ist reich an Schlüsselwörtern („ennuyé", „égal", „intéressé", „mécontent-er", „sans importance", „pas malheureux", „ambition", „changement de vie", „à côté" usw.) und Negationen, die Meursaults Ablehnung der Norm, der bürgerlichen Karriere und der Änderung seines Lebens zeigen. Er denkt in völlig anderen Kategorien als sein Chef, so daß ein gegenseitiges Verstehen nicht gut möglich und ein Zufriedenstellen des Chefs ausgeschlossen sind. Meursault identifiziert sich mit seinem Leben nicht nur, weil es ihm nicht mißfällt oder weil er nicht unglücklich ist, sondern weil er die Möglichkeit, das Leben zu ändern, bezweifelt, obwohl er im Gegensatz zu jetzt als Student noch Ambitionen hatte. Darüber hinaus ist er der Auffassung, daß ein Leben so viel Wert ist wie jedes andere, daß es also keinen Unterschied macht, wo und was er arbeitet, wo und wie er lebt.

Ähnlich ergeht es Marie mit Meursault. Die Sprache und die Beziehungen der Liebe sind ihm fremd. „Das Seelische wird daher nie als solches, sondern stets als ein sich in den Sensibilia Spiegelndes auftreten."[5] Auch in seiner Beziehung zu Marie dominiert bei Meursault der Grundzug der Gleichgültigkeit, selbst wenn es um so entscheidende Dinge geht wie Heirat und Ehe (32,30 ff.). Für ihn sind solche Überlegungen ebenso bedeutungslos (32,34 ff.) wie die beruflichen Vorschläge seines Chefs. Sie sind kein Grund für

irgendeine Initiative. Er würde es sich zwar gefallen lassen, geheiratet zu werden, lehnt es aber ab zuzugeben, die Heirat sei eine ernste Sache. Meursault tut die Dinge, die man schlechthin tut, nicht aus Anteilnahme und Überzeugung, sondern – wie er zu sagen pflegt – um sein Gegenüber zufrieden zu stellen. Für ihn ändert sich ohnehin nichts: seine Beziehungen zu Marie würden dieselben bleiben. Natürlich versteht sie dies nicht, weshalb sie ihn „bizarre" (33) nennt, d. h. genau so, wie Meursault die „petite femme automate" zweimal bezeichnet.
Den Rest des Kapitels widmet der Ich-Erzähler dem alten Salamano, der sich vergeblich bemüht hat, seinen Hund wiederzufinden. Er gibt Meursault in seiner abendlichen Erzählung weitere Einblicke in sein bisheriges Leben, die nicht geeignet scheinen, Meursault von seiner Langeweile zu erlösen. Salamanos paradoxes Verhältnis zu seinem Hund (35,7 ff.), weiter oben als Haßliebe qualifiziert, ist so bizarr wie Meursault in den Augen Maries. Entscheidend ist für Meursault und für Salamano der Gedanke der Gewöhnung (34,27; 35,3), der es ermöglicht, daß Salamanos Ehefrau und sein Hund in seinen Augen auf derselben Ebene stehen und quasi austauschbar sind. Nun sind beide, Salamano wie auch sein Hund, zusammen alt geworden. Die von Camus nicht unironisch gemeinte Gleichsetzung von Ehefrau und Hund wird erleichtert durch eine „Vermenschlichung" in der Behandlung des Hundes, die in der Babyflasche, in der Pomade und im Vergleich Mensch-Hund (35,6–7) zum Ausdruck kommt.
Salamano kommt dann auf den vermeintlich schweren Verlust seines Gesprächspartners zu sprechen. Meursault müsse unglücklich sein, doch dieser gibt ihm darauf keine Antwort. Auch was die Liebe zu seiner Mutter betrifft, so sagt Meursault hierzu nichts Genaues. Wir wissen, daß sich für Meursault nichts oder nur wenig geändert hat, dagegen für Salamano sehr viel. Diesen Unterschied erkennt Meursault sehr klar. Diese Unterredung, aus der Meursault von Salamano erfährt, wie man ihn im Stadtviertel wegen der Tatsache beurteilt, daß er seine Mutter in einem Altersheim untergebracht hatte (weswegen Meursault sich hier noch einmal rechtfertigen zu müssen glaubt, 8; 35), hat Salamano und Meursault in gewisser Weise näher gebracht. In gleicher Weise bindet sich Meursault auch enger an Ray-

mond, der den ganzen Tag über von einer Gruppe Araber, unter denen sich der Bruder seiner ehemaligen Mätresse befindet, verfolgt wird und der deshalb Meursault in seinem Büro anruft, wobei er ihn und Marie gleichzeitig einlädt, mit ihm und Freunden das nächste Wochenende in einem Haus in der Nähe von Algier zu verbringen.
Das Einschlafen ist ein im ersten Teil des „Fremden" häufig zu findender Kapitelschluß, der auf die ersten fünf der insgesamt sechs Kapitel zutrifft. Dagegen beginnen alle sechs Kapitel mit einem präsentischen „heute", von dem her zweimal an einer bestimmten Stelle die Retrospektive auf ein „gestern" (27,26; 36,22) oder auch einmal die Einbeziehung des „morgen" (7,6) erfolgt. Der Blick in die Zukunft, auf die nur andere, z. B. der Chef und Marie, ihn fixieren wollen, reicht bei Meursault nicht weiter als bis zum folgenden Tag oder zum nächsten Wochenende. Die von Sartre[10] herausgestellte Parataxe der Sätze zeigt sich auch in den sechs Kapiteln, die sich durch das Bemühen, formal auf Kontinuität zu verzichten, und durch für einzelne Tage oder Wochenenden abgeschlossene Darstellungen auszeichnen, die ein zeitliches Neben-, aber kaum ein Nach- oder gar Miteinander suggerieren. Die Kapitel stehen wie die einzelnen Sätze als übersatzmäßige Einheiten nebeneinander, aber die Konvergenz der Handlungsfäden und die von Kapitel zu Kapitel abnehmende innere Trennung der verschiedenen Beziehungen Meursaults zu seinen individuell genannten Mitmenschen zeigen doch eine inhaltliche Verknüpfung der übersatzmäßigen Einheiten in der Figur Meursaults selbst. So kann man am streng durchgehaltenen Alternieren von Arbeits- und Sonntagen genau die erzählte Zeit des ersten Teils ablesen, die im Verhältnis zur erzählten Zeit des zweiten Teils extrem kurz ist, nämlich nur 18 Tage, wohingegen die jeweilige Erzählzeit nahezu identisch ist. Die 18 Tage aus dem Leben Meursaults gliedern sich wie folgt[11]:

Kap. 1:	Do + Fr	(1. + 2. Tag)
Kap. 2:	Sa/So	(3. + 4. Tag)
Kap. 3:	Montag	(5. Tag)
Kap. 4:	Sa/So	(10. + 11. Tag)
Kap. 5:	Werktag	(12., 13., 14., 15. oder 16. Tag)
Kap. 6:	Sa/So	(17. + 18. Tag)

Am Ende der ersten fünf Kapitel ist in der einen oder anderen, bereits besprochenen Form von seiner Mutter die Rede, sei es, daß er von irgend jemandem darauf angesprochen wird, sei es, daß er selbst an sie denkt. Diese oft unwillentliche Erinnerung taucht meist vor seinem Einschlafen auf, als ob er, wenn der Tag sich neigt, vor dem Eintauchen in den heilsamen Schlaf des Vergessens noch einmal kurz zurückblickt auf das Wesentliche.

2.7 Der Tod des Arabers

Das letzte Kapitel des ersten Teils soll eingangs kurz zusammengefaßt werden: Als Meursault und Marie mit Raymond in den Bus steigen wollen, um zu Raymonds Freund Masson zu fahren, bemerkt Meursaults Flurnachbar eine Gruppe Araber, unter denen auch sein „type" ist. Nachdem sie in Massons Holzhaus angekommen sind, nehmen Meursault, Marie und Masson ein Bad im Meer. Danach wird gegessen; und anschließend machen die drei Männer einen Strandspaziergang. Dabei begegnen sie Raymonds „type" und einem zweiten Araber. In einem von Raymond provozierten Streit wird dieser von seinem „type" mit einem Messer an Mund und Arm verletzt, doch die beiden Araber können fliehen. Nachdem Raymond sich von einem Arzt hat behandeln lassen, kehrt er mit Meursault an den Strand zurück. Wohl unter dem Eindruck, daß Raymond einen Revolver zieht, den er auf Drängen Meursaults diesem überläßt, verstecken sich die Araber hinter einem Felsen. Raymond und Meursault gehen zu Massons Haus zurück. Meursault jedoch kehrt nun allein an den Strand zurück und trifft den Araber, der Raymond verletzt hatte. Als Meursault einen entscheidenden Schritt auf den Araber zugeht, zieht dieser ein Messer. Meursault feuert einen Schuß auf ihn ab; dann schießt er insgesamt noch viermal kurz hintereinander. – Diese gedrängte Wiedergabe des äußeren Geschehens spiegelt nur sehr dürftig die innere Eskalation in Meursault wider. Dem dreifachen Gang zum Strand entspricht die Tatsache, daß beim ersten Spaziergang alle drei Männer, beim zweiten Mal nur noch zwei und beim dritten Mal Meursault alleine an den Strand geht. Beim ersten Mal muß durch den Kampf mit der scharfen Waffe Blut fließen, beim zweiten Mal ist der Revolver ein noch drohenderes

Zeichen, und beim letzten Mal fallen die tödlichen Schüsse. So erweckt diese Handlungs- und Symbolstruktur einen sich an den Kriminalroman anlehnenden Eindruck, der durch die nun folgende Interpretation der physisch-psychischen Konstellation Meursaults korrigiert werden muß.
Es fällt auf, daß Meursault großen Wert legt auf die Beschreibung seines physischen Zustandes im Verlaufe dieses Sonntags, an dem er anscheinend nicht mit der besten Laune bzw. in der besten Verfassung erwacht (36,1–6), und auf die Beschreibung der Sonne, die ihm zuerst unangenehm ist (36,11), dann aber in Verbindung mit dem Bad im Meer gut tut (38,5–36). Meursaults Verhältnis zu Marie wird an dieser Stelle im Hinblick auf seinen glücklichen Zustand ähnlich wie dieser beschrieben: „accord", „contentement" (38,20; vgl. 38,25–27). Die sinnliche Steigerung erfährt in „embrasser", „envie" und „désirer" (39,1–8) ihren Höhepunkt. Später registriert Meursault dann die Wirkungen des Alkohol- und Tabakgenusses, aber auch der sengenden Sonne, als Müdigkeit und Schläfrigkeit. Die friedlichen, ruhigen Bilder vom Einklang zwischen Mensch und Natur (37,12–27) und vom trauten Familienleben der Massons (37,28–38,4), das zu einem bemerkenswerten Schluß führt („Pour la première fois peut-être, j'ai pensé vraiment que j'allais me marier."), werden bald vom Erscheinen der Arabergruppe durchbrochen. Im Verlaufe der Auseinandersetzung wird Raymond verletzt (die Unruhe Maries und Raymonds zu Anfang des Kapitels war also berechtigt: 36,28–37,12). Er kehrt aber dennoch, nur noch von Meursault begleitet, wieder zum Strand zurück, jetzt mit einem Revolver bewaffnet, den Meursault an sich nimmt. Dieses Mal ziehen sich die Araber zurück, so daß es zu keinem Kampf kommt. Dieser Szene kommt daher im Rahmen des ganzen Kapitels eine Verzögerungsfunktion zu. Ihre symbolische Bedeutung liegt in der Erwähnung der kleinen Quelle, an der sich die beiden Araber aufhalten. Das klare und frische Quellwasser bildet ein Gegengewicht zur überhellen, den Blick verschleiernden Sonne, die Durst erzeugt und die Lebensgeister abtötet. Sonne und Wasser deuten sich hier bereits in ihrem symbolischen Verhältnis als physis und ratio an, als zusammengehörende Elemente, deren Trennung und Verabsolutierung zugunsten des einen oder des anderen den Menschen aus seinem inneren Gleich-

gewicht entläßt. Daher erklärt sich auch andererseits der Glückszustand Meursaults, als sich bei seinem Bad im Meer diese beiden Prinzipien harmonisch ergänzten. Jetzt aber verspürt er trotz der Weite der Landschaft ein Gefühl der räumlichen Beschränkung und des Stillstandes der Zeit (42,18–21). Noch einmal wird eine Entladung der Spannung durch die Flucht der Araber vermieden; Meursault und Raymond kehren um.

Zum dritten Mal kommt Meursault, nun ganz allein, an den Strand. Dieser dritte Teil des sechsten Kapitels wird zum Höhepunkt des ganzen Kapitels, ja des ersten Teils der Erzählung „L'Etranger" überhaupt (42,26–44,29).

Die entscheidende, ja klassische Frage dieser Textstelle ist die nach Meursaults Motiv für seinen „acte gratuit". Dabei ist von seiner oben angedeuteten uneinheitlichen physisch-psychischen Konstellation auszugehen. Die Schüsse auf den Araber können weder als moralische Unterstützung Raymonds, als Bestrafung des Arabers, noch als Racheakt oder Angriff aus Angst vor dem Angegriffenwerden (also als Verteidigung) gedeutet werden. Von der Stelle „J'ai crispé ma main sur le revolver" (44,22) aus kann man sehr deutlich die transitive und die reflexive Konstruktion der Verben „(se) crisper" (43,7; 44,22) und „(se) tendre" (43,4; 44,22) ablesen und vermuten, daß die ins Passive übergehende mediale Konstruktion dieser Verben an der späteren, entscheidenden Stelle von Bedeutung für die Beurteilung der – objektiv – kriminellen Tat ist, so daß man auch „j'ai crispé" – obwohl in der aktiven Form – als Reaktion, als Effekt der Sonne interpretieren muß.

Die Sonne in ihrer doppelten Funktion, Licht und Wärme zu spenden (42: 28, 30, 31, 34; 43: 1, 3, 5, 6, 7, 10, 12, 17, 18, 26, 27–28, 35; 44: 2–3, 4, 9, 11, 17, 20, 21, 25) ist der eigentliche Träger der Handlung. Sie erscheint Meursault als Hindernis, als Gegner, gegen den er ankämpfen muß (43: 2,35), als ein lebendiges Wesen, das ihn verfolgt und dem er nicht entfliehen kann (44,6–9). In einer sehr eindringlichen Sprache und mit Bildern, die nicht frei von biblischen Reminiszenzen sind, schildert er uns die Kraft der Sonne: „brûlure" (44,2; 44,7); „feu" und „pluie" (42,31; 44,21); „éclatement rouge" (42,34); „souffle chaud"; „air entflammé".

Nach der Betrachtung der dauernd gegenwärtigen Sonne und ihrer Wirkungen auf Meursault folgt logischerweise sein bedrückender und schmerzvoller Zustand, der an zahlreichen Stellen und systematisch gesteigert zum Ausdruck kommt (42: 28–29, 30, 36; 43: 1, 5, 7, 12–13; 44: 3, 5, 6, 7, 13, 17, 19, 22, 25, 27 und – antithetisch – 29). Meistens werden dabei Teile des Kopfes angesprochen („visage", „cil", „sourcil", „paupière", „joue", „front", „yeux"), um zu zeigen, daß besonders das intellektuelle und psychische Zentrum dieses Menschen, nämlich Verstand und Wille, angegriffen sind (43,3–5; 43,34; 44,5–10). Die Wirkung der Sonneneinstrahlung zeigt sich daher auch als „ivresse" und „vertige"; „vaciller" und „vibrer" gehören zu den entsprechenden Verben, die oft in der Form eines Partizips Präsens („-ant") verwendet werden, das ja adjektivischen, also statischen Charakter hat und Satzkonstruktionen schwerfällig macht. Das Statische wird inhaltlich durch den Stillstand der Zeit verstärkt (43,27–30), während die Schwere der Syntax Meursaults Anstrengungen („effort": 42,28; 43,12) unterstreicht. – Es sind vor allem seine Augen, die unter der Sonne zu leiden haben (43: 24, 26, 32, 35; 44: 15, 16, 19). Das mehrfach angesprochene Blindwerden (42,31; 44,15) zeigt die Übersteigerung der Sonneneinwirkung, die ja an sich sehend machen soll. Es ist, als ob die Sonne in dem Reflex, der durch die besondere Lage des Messers entsteht, eine zusätzliche Lichtquelle erhält; zumindest aber wird dadurch die Blendung vollkommen (44,11–19), die vorher (43,6–7) schon auf andere Weise erzielt worden war. So ist es nicht verwunderlich, daß die mehrfach anzutreffenden Metallmetaphern (43: 6,30; 44: 11, 12, 17, 18, 23) sowohl die Bedeutung der möglichen (Messer) wie der wirklichen Mordwaffe (Revolver) unterstreichen und eine enge Beziehung zum Sonnenlicht und seiner Blendwirkung herstellen.

Neben dem Tast- bzw. Gefühls- und dem optischen Sinn werden noch der Geschmacks- („sel": 44,16) und der akustische Sinn angesprochen. Mehrfach ist von „bruit", aber auch von „silence" die Rede (42,27; 43,26; 44: 16, 24, 26), so daß nicht alles in diesem Passus Leid und Anstrengung ist. Es gibt auch angenehme Zonen der Ruhe, die sich durch Schatten (43: 13, 17; 44,1) und eine Quelle (43: 11, 12, 36) charakterisieren lassen, die aber für Meursault unerreichbar sind.

Die letzte Willenstat Meursaults besteht darin, daß er den Schritt nach vorn tut; jetzt nicht mehr „pour triompher du soleil“ (43,5), sondern um ihr auszuweichen, um sie abzuschütteln (44,8–9). Daß sein Verstand („penser“, 43,34) noch arbeitet, geht deutlich aus dem zweifachen rationalen Moment in „à cause de“ (44,6) und in „je savais“ (44,8) hervor. Die nun folgenden Verben zeigen an, daß von hier ab Meursault in das Unglück (44,29) hineingezogen wird: „gicler, atteindre, couler, être aveugle, sentir, ronger, fouiller, vaciller, charrier, sembler, s'ouvrir, pleuvoir, se tendre, crisper, céder, toucher“ (44,12–23). Hier hinein fällt der Schuß. Der Araber ist tot. Meursault ahnt vielleicht schon hier, was dies für ihn bedeuten wird: „tout a commencé“ (44,24). Dieses vage, nichts- oder vielsagende „tout“ verwandte er auch schon weiter oben (44,19; 42,19; 42,20), während es an anderer Stelle adjektivisch bzw. adverbial gebraucht wurde und Verstärkungsfunktion hatte (44,21; 43,4). Nach dem Fallen des Schusses ist es so, als ob er seine fünf Sinne zurückgewinnt: Er schüttelt seine Schweißperlen ab und befreit sich vom Zwang der Sonne (44,25); sein Verstand arbeitet auf Hochtouren, erfaßt den Augenblick („j'ai compris“), blickt auf die Vergangenheit zurück („j'avais été heureux“) und bewirkt, daß Meursault noch viermal auf den bereits leblosen Körper schießt. Das Bild vom Schwinden der Sinne, vom Flimmern der Gegenstände vor den Augen und vom Vibrieren paßt genau zu dem der Zerstörung des Gleichgewichts und des Maßvollen durch eine Tat, die alle Grenzen überschreitet. Das Gleichgewicht der Natur und das Gleichgewicht zwischen Meursault und der Natur, bei dem der eine nimmt, was die andere seinen Sinnen („plaisirs“ und „désirs“) gibt, ist zerstört. Glück (44,27) ist in Unglück (44,29) verwandelt. Und Schuld daran sind seine „sens troublés“, dieses „dérèglement de tous les sens“ (wie Rimbaud in anderem Zusammenhang sagte). Wenn es erlaubt ist, Racines Vorwort zu seiner „Phèdre“ umzufunktionieren, dann darf man über Meursault sagen: „Son crime est plutôt un effet de ses sens troublés qu'un mouvement de sa volonté. Meursault n'est ni tout à fait coupable ni tout à fait innocent.“ Camus' Erzählung „L'Etranger“ ist daher ein „drame de la fatalité“. Diese Interpretation macht „Schuld und Sühne“ (72,31–32) zu fragwürdigen Kategorien einer bürgerlichen Rechts- und Moralvorstellung, wie sie sich im zweiten Teil der Erzählung manifestieren wird.[12]

2.8 Die Ermittlung

Der Schluß des ersten Teils („tout a commencé"; „la porte du malheur") verweist schon auf den Prozeß und die Verurteilung Meursaults im zweiten Teil des „Fremden". Diesem mehr äußerlichen Moment entspricht ein inneres, das für Meursaults Selbstfindung bzw. Selbstwerdung von entscheidender Bedeutung ist: Das Gleichgewicht des Tages, das Schweigen der Natur und das bescheidene Glück Meursaults – am Schluß des ersten Teils anscheinend für immer verloren – werden am Ende seines Lebens, d. h. am Ende der Erzählung, wieder da sein; Meursault wird nach dem Prozeß der Bewußtwerdung – vor allem im zweiten und fünften Kapitel des zweiten Teils – und nach dem Durchgang durch ein sehr irdisches purgatorio (84,9) mit seinem „Erlöse uns von dem Übel!" als „einziger Christus, den wir verdienen" (Camus), versöhnt mit der Welt und ohne jeglichen metaphysischen Bezug sterben. Hier erkennt man nun auch die Einheit der zweiteiligen Erzählung[13], deren beide Hälften sich wie Da-Sein zu Bewußt-Sein, also dialektisch verhalten; einer Erzählung, an deren Anfang, in deren Mitte und an deren Ende der Tod eines Menschen steht: zuerst Meursaults Mutter als „mort naturelle", dann des Arabers als „mort inconsciente", schließlich Meursaults als „mort heureuse". Die beiden Toten des ersten Teils konvergieren im Prozeß, dem Höhepunkt des zweiten Teils, wo ihre Vorgeschichten für die juristische und moralische Argumentation des Staatsanwaltes verknüpft werden, und führen zur Hinrichtung des Menschen, der, wie die Gesellschaft meint, moralisch und physisch für den Tod der beiden Personen verantwortlich ist. Am Ende wird die Spannung, die im zweiten Teil aus den beiden Toten gebildet wird, zu einer neuen, höheren Einheit – im Sinne Hegels – aufgehoben. Man muß sich Meursault, wie Sisyphos, als einen glücklichen Menschen vorstellen.[14]

Im ersten Kapitel des zweiten Teils stellt Meursault die Verhöre des Untersuchungsrichters und das Gespräch mit seinem Pflichtverteidiger in den Mittelpunkt. Von Anfang an wird deutlich, wie beim Prozeß argumentiert werden wird

und daß es ganz entschieden nicht nur auf seinen verschlossenen Charakter (47,22) und etwaige Mordmotive, die man unterstellen wird, ankommt, sondern auch auf Meursaults Privat- und Vorleben, besonders auf sein Verhältnis zu seiner Mutter (46,18; 48,6) und auf den Tag ihrer Beerdigung (46,36; 61,8). So zeigt sich schon hier das latente Mißverständnis, das während des ganzen zweiten Teils zwischen Meursault und der Justiz bestehen wird. Wenn sich Meursault auch durchaus seiner Tat bewußt ist („j'avais tué un homme“: 45,26; „criminel“: 49,4; 49,35), so versteht er doch weder seinen Anwalt (45,28–47,9) noch den Untersuchungsrichter (45,4–45,27; 47,10–50,6). Für Meursault liegt der Fall klar auf der Hand („simple“: 45,11; 47,32); er sieht nicht dort Bedeutungen, wo die Juristen solche vermuten und umgekehrt (46,12; 47,26); deren Logik scheint ihm nicht gegeben (48,10), deren Argumentation unverständlich (48,35), deren Verhalten unvernünftig (49,18), „bizarre“, „étrange“. Sie hingegen verstehen ihn wiederum nicht (50,5). Sie sind ihm Fremde, deren Spiel (45,20; 50,22) er nicht ernst (45,16) nehmen kann. Die Bedeutung der Frage nach seinen vier Schüssen auf den leblosen Körper des Arabers (48,13–23; 49,6–7) vermag er nicht zu erwägen, so daß er dem Ereifern des Untersuchungsrichters (S. 48–49) verständnislos gegenübersteht, zumal dieser Meursaults Reue erwartet und auf Dinge und Wesen Bezug nimmt, die für Meursault – wie das letzte Kapitel in aller Deutlichkeit zeigen wird – nicht im geringsten etwas besagen: auf das Kruzifix und auf Gott. Nur der Glaube an ein überirdisches Wesen gäbe, so der Untersuchungsrichter, seinem irdischen Leben einen Sinn (49,15). Diese Relativierung des Irdischen im Verhältnis zum Überirdisch-Göttlichen kann der atheistische Meursault, der das Sinnenleben – wie wir im ersten Teil gesehen haben – absolut setzt (wenn es jetzt auch im zweiten Teil durch seine vita contemplativa oder besser durch seine „clairvoyance“ ergänzt wird), nicht mitmachen: er, dessen Leben – so absurd (83,6) und wenig lebenswert (78,12) es am Ende auch erscheinen mag – nach Camus in folgendem besteht: „une naissance et une mort, entre les deux la beauté et la mélancolie“.
Meursaults bekannte Passivität und Gleichgültigkeit zeigt sich auch in der Voruntersuchung („cela ne me regardait pas“: 49,15; „j'ai eu l'air d'approuver“: 49,23). Sie schlägt

aber da in waches Bewußtsein und Engagement um, wo es um die Wahrheit geht (46,31; 49,11; 49,26). Wo andere „regret“ empfinden (50,3; 69,20–31) und Tränen erwarten, hat bei ihm nur der „ennui“ Platz, der im ganzen „Etranger“ bisweilen „Langeweile“, bisweilen „dégoût“ oder gar – wie bei Sartre – „nausée“ bedeuten kann. Wie könnte er etwas bedauern oder bereuen, wenn alles gleich gültig ist oder gar ohne Bedeutung (83,4)? So läuft das elfmonatige Spiel (45,20; 50,22) der Voruntersuchung wie eine gut aufgezogene Uhr ab, nach bestimmten Regeln zwar, aber doch (noch) nicht ganz ernst zu nehmen (50,22–23); eine „affaire classée“ (7,16; 21,26; 50,13) wie viele andere auch, bei der die menschliche Seite, am Rande erwähnt (45,24; 47,4; 50,16; 50,27), den Ernst der Lage (45,26) zu überspielen droht.

2.9 Meursault im Gefängnis

Der erste Teil des zweiten Kapitels ist dem ersten und einzigen Besuch Maries (51,2) im Gefängnis gewidmet (51,19–53,28). Die Szene ist nicht frei von tragikomischen, ja makabren Zügen. Sie erinnert einerseits (wenn man besonders an den Dialog denkt) an die berühmte, „manipulierte“ Dialogszene mit ihren verschiedenen Sprecherebenen in „Madame Bovary“, andererseits an das im vorigen Kapitel aufgezeigte Mißverständnis, von dem in der Geschichte des Tschechen noch die Rede sein wird, aus dem später Camus' Drama „Le Malentendu“ entstand. Die äußeren Umstände des „parloir“ (51,21–36) lassen kein echtes Gespräch zu, nur Gesprächsfetzen, Worte, die von anderen übertönt werden (52,23) oder wie Klischees inhaltsleer sind. Ein Gespräch im Sinne von Informationsaustausch oder Austausch subjektiver, privater bis intimer Gefühle auf verbalem Wege kann nicht in Gang kommen, was Meursault im übrigen nicht bedauert, ist er doch, wie Camus mehrfach betont und wie die Erzählung schon oft gezeigt hat, derjenige „qui se borne à répondre aux questions“. Von daher ist auch seine Bewunderung für seinen Nachbarn, der sich schweigend mit seiner Mutter „unterhält“, zu verstehen („îlot de silence“: 53,12). Er kann und will sich nicht auf die Anwesenheit Maries konzentrieren, sondern registiert – wie er es zu tun gewohnt ist – was um ihn passiert: die Araber-

gruppe, die Gefangenen an seiner Seite und die entsprechenden Gegenüber auf der Besucherseite.
Wir stellen fest, daß Meursaults Sinnenleben noch intakt ist („envie“: 52,30; 52,31; s. auch 52,12) und daß er leidet wie an Vormittagen nach einer schlecht verbrachten Nacht oder wenn ihm die Sonne allzu unangenehm wird („mal“ und „malade“: 53,8; 53,9). Mut und Hoffnung (52,29; 52,32; 53,2) bedeuten ihm noch nicht so viel wie nach der Verurteilung zum Tode (erster Abschnitt des fünften Kapitels). Vielleicht hat er sich – gemäß einer seiner „Lebensgewohnheiten“ (54,8; 54,14) – schon so mit dem Eingeschlossensein abgefunden (das übrigens ein für Sartre und Camus typisches literarisches Motiv ist), daß sein Verlangen nach dem anderen Leben, das er einmal geführt hatte, gar nicht mehr so heftig ist und bald mehr und mehr abstirbt.
Aber dies trifft für das frühe Stadium, in das der Besuch der Geliebten fällt, nicht zu. Da stellt die Freiheit („liberté“, „délivrance“) – nicht als Abstraktum oder als Wert an sich! – in Form von Tätigkeiten, die seinen Sinnen entgegenkommen, noch ein Ziel seiner Sehnsüchte und Wünsche dar: „l'envie me prenait d'être sur une plage et de descendre vers la mer“ (53,34), die Frauen (54,17), die Zigaretten (54,36). Aber schnell nimmt er Abschied von den „pensées d'homme libre“ (53,33), um sich mit den „pensées de prisonnier“ (54,3) vertraut zu machen. Freiheit hat bei ihm (noch!) nichts mit Flucht zu tun und ist hier weniger auf die Zukunft als auf die Vergangenheit, auf seine „andere Welt“ (54,10) gerichtet. Der absolute Mangel an der so verstandenen Freiheit bringt ihn genau so aus dem Gleichgewicht (54,22) wie vorher der Schuß auf den Araber (44,26), so daß nach der Etappe des unbewußten und absurden Lebens im ersten Teil der Erzählung nun der Prozeß der Bewußtwerdung im ganzen zweiten Teil als Wiedergewinnung des verlorenen Gleichgewichts und der verlorenen Einheit verstanden werden muß. Von da könnte man sagen, daß Meursault zwar die irdische und göttliche „Gerechtigkeit“ ablehnt, aber dennoch den eigenen Tod akzeptiert, an dessen Schwelle er Schönheit, Friede, Ruhe, melancholisches Vor-sich-hin-Träumen und seine alte Gleichgültigkeit wiedergewinnt (83,29–84,15). Noch ist er in seiner persönlichen Entwicklung nicht so weit. Noch wird er sich erst bemühen müssen, die juristische Praxis der bürgerlichen Gesellschaft

zu verstehen; zu verstehen nämlich, daß der Entzug der Freiheit eine erste Strafe für den Mord bedeutet, auch wenn er dies als ungerecht empfindet (54,25–33; 55,6).
Aber dieses Problem wird er partiell bewältigen (55,7–9), indem er kraft Verstand und Willen seine physischen Bedürfnisse zurückstellt und so die vermeintliche Strafe in nichts auflöst (daher: 57,28). Es wird so aus dem an Sartres „La Nausée" angelehnten ständigen Ekelgefühl (55,5; Sartre-Reminiszenz auch in 58,31: „être de trop") ein latentes Unzufriedensein, eine Langeweile, die uns zum zweiten Hauptproblem seines Zellendaseins führt, nämlich zur Frage nach der Zeit und Zeiteinteilung (bereits: 54,5; 54,23). Die Zeit totschlagen ist ein von Meursault häufig gebrauchter Ausdruck (55,11; 55,34; vgl. 56,18–20; 55,23). Er erreicht dies durch seine „mémoire volontaire", seinen Zwang zur Erinnerung an banale Einzelheiten lebloser Objekte (55,13–26). So sind hier „mémoire" und „souvenir" (als abstrakte Erinnerung) und „souvenirs" (als konkrete Einzelheiten und Inhalte dieser Erinnerung) häufig anzutreffende Wörter (55: 13, 17, 26, 34; 55, 18; 57,7). Nach der Darlegung seines dritten Hauptproblems, des Schlafes (55,30), geht Meursault nochmals – diesmal genauer – auf das Problem der Zeit ein, indem er ihre Relativität bzw. Subjektivität und ihren Stillstand suggeriert (56,21–26; 56,27–30). Für Meursault ist das Fortschreiten der Zeit – wenn überhaupt noch – nur am Alternieren von hell und dunkel (56,19), d. h. im Grunde von Tag zu Tag bemerkbar. Deshalb begreift er keine längeren Zeiträume (56,28) als die vom gestern zum heute und vom heute zum morgen (56,25). Alles konvergiert bei ihm – und das ist uns ja bereits bekannt – im Präsens. Dennoch versucht er zum erstem Mal in seinem Leben, sich im Laufe dieser elf Monate durch Erinnerung und Planung außerhalb seines präsentischen Daseins in Vergangenheit und Zukunft zu bewegen.
Nimmt man alle „ennuis" und Bemühungen Meursaults, diese zu bewältigen („la liberté, les cigarettes, les femmes, la mémoire volontaire, le sommeil, la lecture de l'histoire du Tchéchoslovaque, le problème du temps") zusammen, so zeigt sich in ihnen die Funktion dieser Zellenszene: den Prozeß der Selbstbeschränkung und Selbstverwirklichung („retour sur soi", „introspection") in Gang zu setzen. Dem dient auch die plötzliche Erfahrung des Alleinseins, dessen

er sich beim Anblick seiner selbst (56,31; 57,1–2) und beim Hören seiner Stimme (57,6) bewußt wird. Er erinnert sich der ohne intellektuelle Hintergründigkeit und ohne die Absicht der Verallgemeinerung zur Lebensweisheit gesagten Worte der Krankenschwester (57,8; 17,4), die ein banales Beispiel für eine an sich tragische Situation angeführt hatte: egal wie man sich entscheidet – man tut das Falsche und läuft ins Verderben. Wie damals zieht Meursault auch jetzt dieselbe Konsequenz (17,7: 57,9): Es gibt keinen Ausweg. Damals bezog sich dieses Gefühl auf die Folgen des langsamen oder schnellen Gehens bei starker Sonneneinstrahlung; jetzt bezieht es sich auf sein momentanes Gefangenendasein, von dem er nicht weiß, ob und wann es enden wird; später (74,16) auf seine Lage zwischen Tod und Leben, wo er sicher sein wird, daß es weder eine Hoffnung noch eine Chance gibt, dem Fallbeil zu entgehen. Deshalb ist sein Gesicht ernst (56,32; 57,2) und traurig (56,34); ein Lächeln scheitert wie ein schlecht vorbereitetes Experiment unter ungünstigen Bedingungen.

2.10 Der Prozeß

Die Sonne, das Symbol von Glück und Unglück im Leben Meursaults, ist während der ganzen Erzählung gegenwärtig; selbst ihre Abwesenheit wird nicht verschwiegen, sondern als solche gekennzeichnet („nuit“, „ombre“ usw.). Auch während des Prozesses, der genau wie der Mord und das Geschehen des ersten Teils im Sommer stattfindet, ist sie anwesend (57,11 u. ö.). Meursault erwartet furchtlos seinen Prozeß vor dem Schwurgerichtshof mit einem sich regenden Interesse (57,30), das später zum Bedauern über Versäumtes (74,25–32) anwachsen wird. Die Gerichtsszene ist ein theatrum mundi (58–59), die Gesellschaft in Kleinformat, ein Club (58,29) mit bestimmten Einlaßauflagen und Regeln, wo man sich aber als Fremder empfindet, wenn man unfreiwillig dazugehört (58,32): eine Szene, wo ein unsichtbarer Regisseur dem Angeklagten (58,2), den Geschworenen (58,6; ironisch 61,5), dem Publikum (58,15 ff.), den Journalisten (58,24 ff.), dem Verteidiger (59,14), dem Staatsanwalt (59,20) und den drei Richtern (59,22) die Plätze anweist, von denen aus sie alle ihre Rollen zu spielen haben. Man lacht

und scherzt miteinander (59,12), man kennt sich und erweckt nicht den Eindruck, daß es in wenigen Augenblicken um den Kopf eines Menschen gehen wird. Über dem Ganzen weht der gleiche Hauch des Bizarren (58,31; 59,34), Lächerlichen (58,12; 59,8), Unwirklichen und Gleichgültigen, den wir auch schon bei der Besprechung der Szene in der Leichenhalle in I, 2 (11–12) herausgestellt hatten, an die im übrigen die Geschworenen erinnern (58,9–10; 12,2–5). Die Wiederaufnahme der aus II, 2 bekannten Spiegelsymbolik (56–57) in der Skizzierung des jungen Journalisten (59,29–35) hat auch hier die Funktion, die Interiorisierung unseres „Helden" zu untermalen und seine fortgeschrittene Bewußtseinserhellung und Selbsterkenntnis deutlich zu machen.
Nach den einleitenden Formalitäten (60,1–6) defilieren die neun Zeugen (in einer etwas anderen Reihenfolge als bei ihrer späteren Einzelvernehmung) vorbei (60,7–14). Auch die schließlich nicht vernommene kleine Frau aus Célestes Restaurant ist dabei (60,15; 34,14; 61,4; 83,19). Der Gerichtspräsident ergreift das Wort und verkündet die drei Prinzipien der Verhandlung, der Schuldfrage und der Urteilsverkündung (Strafzumessung), als da wären: „impartialité", „objectivité" und „justice" (60,20–22): Ideale, die der kritische Leser auf ihre Verwirklichung hin überprüfen müßte. Die eigentliche Verhandlung beginnt mit der Vernehmung des Angeklagten durch den Präsidenten (60,29 ff.) und den Staatsanwalt (61,20 ff.). Dabei zeigt sich die oben angedeutete Tendenz (47,1), sich nicht auf die eigentliche und zur Verhandlung anstehende Sache (Mord an dem Araber) zu beschränken, sondern das Ganze vom physischen Mord an dem Araber auf einen angeblichen moralischen Mord an der Mutter zu verlagern (61,8 ff.). Es ist zu selten beobachtet worden, daß sich hierin auch – wenn dies auch nicht der ausschließliche Gesichtspunkt bleiben darf – die von französischer Seite aus in Nordafrika betriebene Diskriminierung der arabischen Bevölkerung widerspiegelt.[15]
Jetzt ist Meursault besser auf die heiklen Fragen nach seinem Verhältnis zu seiner Mutter und nach dem Beerdigungstag vorbereitet (61,8–11). Wir wissen, daß Meursault da nicht schweigt oder da – wie sonst aus Bequemlichkeit – nicht zuzustimmen vermag, wo es (nach seiner Bestimmung!) um die Wahrheit geht. Deshalb antwortet er auch ehrlich und aufrichtig auf die Fragen der beiden Juristen

(61,23; 61,25). Das mehrfach angesprochene Gefühl des Stillstandes der Zeit (61,34; 56,29; 43,28) überfällt Meursault auch im Gerichtssaal, wo er bei der Nachmittagssitzung den Eindruck hat, alles beginne wieder von vorne. Nur einige Details haben sich – „comme par un miracle" (61,36) – geändert, als ob er einen Blick auf die Bühne eines modernen Theaterstückes wirft, bei dem das Decor nach der Pause kaum verändert ist (wie z. B. in Becketts „En attendant Godot"). Scheinbar zufällig bemerkt Meursault, daß auch der junge Journalist und die kleine Frau wieder bzw. noch da sind (62,2), mit denen Camus vielleicht – ähnlich wie bereits bei den beiden Personen in 53,5 und 53,13 – auf Meursault selbst und auf seine Mutter anspielen will: die Identifizierung (59,34–35), das automatische, d. h. gewohnheitsmäßige (54,14!) Gehabe der alten Frau, ihr fortwährendes Schweigen und das wortlose Verhältnis von Mutter und Sohn im Gefängnissprechzimmer lassen diesen Gedanken als durchaus möglich erscheinen. So bekäme nicht nur die Sonne, sondern auch die tote Mutter die Funktion der Allgegenwart, der stummen Zeugenschaft, der Begleitung auf dem Weg der Selbstfindung und Hinrichtung Meursaults, so daß die bekannte Namensymbolik (meur = mort; sault = sol, soleil) und ihre Abänderung sinnvoll und überzeugend wird.[16]

Nun beginnt das Verhör der acht Zeugen in folgender Reihenfolge: der Asyldirektor (62,6–26); der Hausmeister (62,27–63,20); Thomas Pérez (63,21–36); Céleste (64,1–36); Marie (64,36–65,34); Masson (65,35–66,1); Salamano (66,1–6); Raymond (66,7–67,3). Es ist symptomatisch für den Prozeß, daß man mit dem Verhör derjenigen beginnt, die Meursault ausschließlich vom Beerdigungstag her kennen. Dies sind drei wichtige Zeugen der Anklage, während die übrigen z. T. nur eine sehr untergeordnete Rolle spielen (Masson und Salamano) oder – wie Céleste – von der Verteidigung bestellt sind. Aber auf diese Trennung von Anklage und Verteidigung legt der Ich-Erzähler Meursault zu Recht gar kein Gewicht (obwohl er den Unterschied registriert: 64,3), da die Zeugen der Anklage ihn – wenn es nur um den Mord an dem Araber ginge (zu dem im Grunde nur Raymond – am Schluß der Zeugenvernehmung! – gehört wird) – gar nicht belasten können, und diejenigen der Verteidigung ihn im Endeffekt kaum entlasten, sondern ungewollt und von ihnen selbst unbemerkt belasten. Nur Marie scheint sich spontan darüber klar zu werden. Auch insofern ist dies ein ungewöhnlicher Prozeß, in dem die starke Führung durch den Präsidenten und die subjektive, emotionale und vorurteilsvolle Einstellung des Staatsanwaltes die Schwäche des Pflichtverteidigers deutlicher werden läßt, der auch einer von „denen" ist, der auch zum „club" gehört und der ebenso unfähig wie alle anderen ist, Meursault zu verstehen.

Die Zeugen tragen im Grunde nichts vor, was der Leser nicht schon wüßte. Insofern hat die Zeugenvernehmung kompositions- und erzähltechnisch die doppelte Funktion, die Wahrheit des von Meursault bereits Erzählten (von I, 1 angefangen) zu bestätigen (obwohl wir auch dies wiederum alles nur von Meursault und nicht von anderer Seite erfahren.)[17] und die Wirkung des Erzählten auf die professionellen Juristen und auf das sensationslüstige Publikum (einschließlich der Journalisten) im Prozeß direkt und indirekt (d. h. sowohl in Fragen und Antworten des Anklägers als auch allgemein, d. h. von der Atmosphäre her) einzufangen. Dies zeigt sich nicht zuletzt auch beim Angeklagten selbst in aller Deutlichkeit: „pour la première fois.. j'ai eu une envie stupide de pleurer parce que j'ai senti combien j'étais détesté par tous ces gens-là" (62,24–26); „pour la première fois, j'ai compris que j'étais coupable" (62,34); „c'est la première fois de ma vie que j'ai eu envie d'embrasser un homme" (64,31). Nicht zufällig sind diese starken Gefühlsregungen und Einsichten mit dem dreifachen „zum ersten Mal (in meinem Leben)" verbunden, was nur verständlich ist auf der Basis der bisherigen Interpretation Meursaults als eines indifferenten, gefühlsarmen Menschen.

„J'ai compris que j'étais coupable" ist kein Eingeständnis der Schuld, keine Identifizierung mit der Gesellschaft, die über ihn richtet. Meursault sieht ein, daß er „verloren" ist, daß man – und es geht ja gerade erst um den zweiten Zeugen – von vornherein gegen ihn ist, daß man seine Art und Weise, seine Unkonventionalität nicht akzeptiert. Er betrachtet sich gleichsam mit den Augen eines „Clubmitgliedes", da er die Fähigkeit hat, sich zu objektivieren. Deshalb sagt er auch nicht, daß er sich schuldig fühle, sondern daß er schuldig sei. Und dies erkennt er nicht, als es um den

Mord geht, sondern als man den Hausmeister des Altersheims vernimmt, der vom Rauchen und Kaffeetrinken am Sarge der Mutter spricht. Meursault wird nie eine Schuld eingestehen oder etwas bereuen, schon gar nicht, wenn es nicht um den Mord (den er als begangene Tat natürlich nicht abstreitet: 51,9; 45,26), sondern um das Verhältnis zu seiner Mutter geht. Daß es in dem Zitat um seine Schuld nach Meinung der Gerichts und nicht nach Meinung Meursaults geht, zeigt auch die spätere Distanzierung: „On m' avait seulement appris que j'étais un coupable" (81,9–10), die möglicherweise durch das anschließende „J'étais coupable" relativiert wird – zu einem Zeitpunkt aber, in dem er sich mit seiner Hinrichtung wenn nicht abgefunden hat, so doch abzufinden beginnt.

Das Problem der Wahrheitsfindung ist eng verknüpft mit dem der Methode des Staatsanwalts, voreilige Schlüsse zu ziehen und an die Gefühle der Geschworenen und der Zuschauer zu appellieren: Auf die Frage an Pérez, ob er Meursault habe weinen sehen, folgt der Schluß, daß er nicht geweint habe, wohingegen es nach erneuter Rückfrage – diesmal des Verteidigers – bloß feststeht, daß Pérez ihn nicht fortwährend beobachtet hatte und somit nicht behaupten kann, er sei sicher, daß Meursault nicht geweint hatte (63,28–32). Auch Meursaults Eingeständnis, er habe dem Hausmeister eine Zigarette angeboten, ist nur die halbe Wahrheit, während die ganze Wahrheit auch das Kaffeeangebot des Hausmeisters an Meursault umfaßt (63,9–14). Der Staatsanwalt münzt diesen Sachverhalt pathetisch und rhetorisch geschickt in eine emotionsreiche Phrase um, die – obwohl eine bloße Konvention oder Spielregel der Gesellschaft verletzt wurde – wie ein Verbrechen klingt: „Un étranger pouvait proposer du café, mais un fils devait le refuser devant le corps de celle qui lui avait donné le jour" (63,18–19): Man beachte die bewußte Paraphrase für „Mutter" und die Antithetik von „étranger" und „fils" und von „proposer" und „refuser" in der grammatisch parallelen Konstruktion von Subjekt, Prädikat und direktem Objekt! Die ganze Relativität und Manipulation der Wahrheit, um die es noch einmal bei Marie gehen wird, kommt in dem paradoxen Ausspruch des Verteidigers zum Ausdruck: „Tout est vrai et rien n'est vrai!" (63,34–35).

Auch bei dem vierten bis siebten Zeugen geht es nicht um den Mord, da drei von ihnen – Céleste, Marie und Salamano – über Meursaults Privat- und Vorleben berichten sollen und der vierte – Masson –, den Meursault erst am Mordtag kennengelernt hatte, nicht viel mehr als eine nichtssagende Floskel („j'étais un honnête homme" – „j'étais un brave homme"; 65,36) zu Papier, das heißt zu Protokoll bringt. Ähnlich wie Pérez, dessen Aussage sich um die „peine" gruppiert (63,25–27), die er am Beerdigungstag empfunden habe, steht für Céleste das „malheur" (64,19–25) im Mittelpunkt seines Urteils über Meursault, der anerkennt, wie der hilflose Céleste sich bemüht, das Unerklärliche zu erklären und seinem Freund (64,10) zu helfen (64, 27–30). Ebenso bleibt die Aussage Salamanos, der verstehen will, ohne es zu können, ohne positiven Effekt (66,5–6). Marie bereitet aufgrund des Wahrheitsgehaltes ihrer Aussage, die hauptsächlich ihre unmittelbar nach dem Beerdigungstag begonnene Liaison mit Meursault beinhaltet, den Schlußhöhepunkt des Staatsanwaltes vor, obwohl dies nicht in ihrem Sinne ist, da sie doch ein existentielles Interesse daran hat, daß Meursault frei kommt („épouser": 65,8). Deshalb hält sie es auch nicht aus und erklärt unter Schluchzen „qu'on la forçait à dire le contraire de ce qu'elle pensait", was sicherlich nicht wörtlich zu verstehen ist und sich auch nicht auf Meursaults Anwalt bezieht (61,1). Sie meint damit die einseitig gestellten Fragen, auf die sie nur entsprechend antworten kann, weiterhin daß sie überhaupt nur auf Fragen antworten darf und nicht Meursault in einer Art Selbstdarstellung ins rechte Licht rücken kann; sie meint schließlich das Kurzschlußverfahren des Staatsanwaltes (65,27–29), der durch sein stereotypes „Dem habe ich nichts hinzuzufügen" oder „Die Herren Geschworenen werden dies zu würdigen wissen" und durch seine Ironie und Rechthaberei (63,1; 65,13) voreingenommen und provozierend wirkt und außerdem wenig sympathisch erscheint. Ohne vom Vorsitzenden dafür ermahnt zu werden, hält er sich mehr an die „appréciations" als an die „faits" (66,10).

Nach Masson und Salamano, die strukturell gesehen ein retardierendes Moment der Entspannung darstellen, stellt sich der Höhepunkt der Zeugenvernehmung mit Raymond ein, dessen Aussage nicht mehr um einen subjektiven Begriff des Bedauerns („quel malheur"), um die persönliche

„peine“ oder um die Aufforderung „il faut comprendre“ kreist, sondern um den objektiven Begriff des „hasard“, so problematisch und so wenig überzeugend er in dieser Prozeßsituation sein mag (66,16–22). Der Staatsanwalt führt dieses Erklärungsmoment des Zufalls auch schnell und erfolgreich ad absurdum und zieht darüber hinaus – was bei einem bürgerlichen Publikum nicht schwierig ist – die moralische Glaubwürdigkeit dieses Zeugen in Zweifel, indem er ihn als Zuhälter darstellt und entsprechende Schlüsse aus diesem Faktum zieht (66,28–30; 67,1–3), die er mit seiner weiter oben vorgetragenen These (65,27–29) verbindet. Die zu spät kommende, entscheidende Frage des Verteidigers: „Enfin, est-il accusé d'avoir enterré sa mère ou d'avoir tué un homme?“ (67,6–7) veranlaßt den Staatsanwalt nur, auf die „relation profonde, pathétique, essentielle“ (67,11) beider Sachverhalte hinzuweisen und seine Anklage im Sinne des bald zu erwartenden Plädoyers wie folgt thesenhaft zu formulieren: „J'accuse cet homme d'avoir enterré une mère avec un coeur de criminel.“ (67,12–13), wo das Gewicht ganz eindeutig – auch syntaktisch – auf die Beerdigung und nicht auf den Mord gelegt ist.[18] Dies wirkt auf alle: auf das Publikum, auf den Verteidiger und auf Meursault selbst, der nicht von Schuld redet, sondern davon, daß die Dinge nicht zum besten für ihn bestellt seien; es entgeht ihm nicht, daß die biblische Forderung „Kreuzige ihn!“ die Prozeßatmosphäre beherrscht.

Nach diesem dramatischen Schlußhöhepunkt folgt ein beschauliches, die Sinne ansprechendes lyrisches Finale, wo Meursault von seiner Liebe zur Stadt, von vertrauten Wegen und Geräuschen, von seiner Zufriedenheit spricht (67: 22, 23, 29) und vom traumlosen Schlafen, so daß die leise Disharmonie überhört werden könnte, die mitschwingt, wenn er feststellt, daß sich etwas (noch sehr vage!) verändert habe (67,31), daß er einer ungewissen Zukunft entgegensehe (sonst kannte er nur die Gegenwart!), deren Wege sowohl in die Zelle des Gefängnisses als auch in den Schlaf der Schuldlosigkeit führen. Aber die Wahl, die in Camus' „L'Hôte“ dem Araber noch gegeben war, ist Meursault verwehrt. Er muß – wie der Araber nach seinem Entschluß – den Weg in die physische Unfreiheit als den ihm gemäßen erkennen und akzeptieren.

2.11 Zwei Plädoyers

Die beiden Plädoyers des Staatsanwaltes und des Verteidigers bilden, sieht man von der Urteilsverkündigung ab, den Abschluß des Prozesses. Wie oft bei Meursault, so teilt er dem Leser auch hier zuerst seine zusammenfassende Wertung mit, um erst dann auf die Einzelheiten einzugehen. Sein Urteil besteht darin, daß er die Ähnlichkeit der beiden Plädoyers herausstellt (68,4–7), was nach der obigen Interpretation der Rolle und der beschränkten Sicht des Verteidigers nicht mehr allzu überraschend ist. Meursault nimmt insofern noch weiter expressis verbis Stellung zu den Plädoyers, als er sich darüber wundert – fast beschwert –, daß es weniger um das Verbrechen als um seine Person gehe (68,3) und daß er im übrigen – wo er doch Hauptakteur sein müßte – nur eine Randfigur sei (68,11; 71,30 ff.), die man gar nicht direkt befrage (nur indirekt durch Darlegung seines Vorlebens, durch Unterstellung von Motiven und durch die Zeugenvernehmung): „Mon sort se réglait sans qu'on prenne mon avis." (68,12) Hier nimmt das Wort „sort" (Schicksal, Los) wieder seine ursprüngliche Bedeutung von „Los, das man zieht" und damit von „hasard" an (60,1). Nur so kann man diese Stelle mit der späteren verbinden (75,10–22), wo es wieder darum geht, daß der Mensch sich nicht selbst bestimmen kann, sondern einer Fremdbestimmung unterworfen ist. Sartres Behauptung „le destin de l'homme est en lui-même" ist also mit der Darstellung Meursaults durch Camus nicht in Übereinstimmung zu bringen. Auch Sartres Auffassung von der „action" und dem „engagement", die erst den Menschen ausmachen, läßt sich nicht auf Meursault anwenden, auch wenn dieser sich allmählich zu interessieren (68,21) beginnt und einhaken möchte (68: 9, 12, 13; 71,10). Denn er hat den Prozeßbeteiligten etwas zu sagen. Aber im gleichen Augenblick wird ihm klar, daß sie ihn nicht verstehen würden, wie sich später (71,17) herausstellt. Das meint er, wenn er sagt: „Je n'avais rien à dire." (68,16)

Um die Vorsätzlichkeit des Verbechens und die Verantwortung Meursaults zu beweisen (68,22–23), gliedert der Staatsanwalt sein Plädoyer in zwei Teile, indem er in einem seiner Sätze, die Meursault (hier wiederum wegen des rhetorischen Effektes der Antithese von „clarté" und „sombre" bzw. der beiden Paradoxa von „aveuglante clarté“ und „éclairage sombre“, die in der Form des Chisasmus erscheinen) wörtlich notiert, behauptet: „Sous l'aveuglante clarté des faits d'abord et ensuite dans l'éclairage sombre que me fournira la psychologie de cette âme criminelle.“ (68,25—27) Der Einschnitt (69,35) der beiden Teile (erster Teil: die Fakten; zweiter Teil: Meursaults kriminelle Seele) wird als solcher von Meursault registriert. Meursault, der den weniger ermüdenden Partien der Ausführungen seines Prozeßgegners folgt (68,19), gibt die Klarheit des Gedankenganges und seine Überzeugungskraft zu (68,34), ohne sich aber mit den Darlegungen des Anklägers zu identifizieren (69,1—8). Aus der indirekten Rede „Er sagte, ich sei. . . . , ich habe . . . “ wird schnell die Form „Ich war . . . , ich hatte . . . “, was im Französischen noch leichter ist als im Deutschen, da in beiden Fällen der Indikativ und nicht wie im Deutschen in einem Fall (indirekte Rede) der Konjunktiv gesetzt wird. In „Il disait qu'il s'était penché sur elle (d. h. Meursaults Seele) et qu'il n'avait rien trouvé, Messieurs les jurés“ (70,1—2) wird der Übergang von der Wiedergabe des vom Staatsanwalt Ausgeführten (indirekte Rede) zur Apostrophe, also zur direkten Rede („Messieurs les jurés“) besonders deutlich. Im umgekehrten Falle liegt ebenso wenig Identifikation vor, wenn der Verteidiger in der Ich-Form spricht, aber natürlich Meursault meint (71,26—30).

Dem Staatsanwalt geht es darum, bei Meursault mildernde Umstände (69,13; 72,31) auszuschließen und auf Vorsatz zu plädieren (68,22; 69: 8, 11, 12, 16). Meursault geht dabei innerlich mit, lehnt es ab, wegen seiner vorhandenen Intelligenz bestraft zu werden (69: 14, 18—19), muß aber andererseits zugeben, daß der Redner recht hat, wenn er ihm absolutes Fehlen von Reue und „sensibilité“ (70,22) vorwirft (69: 22, 27, 30), was ein weiterer belastender Gesichtspunkt in der Darlegung des Staatsanwaltes ist. Indirekt gibt Meursault seine Indifferenz zu (69,31), muß sich aber dann, wenn er sich ausnahmsweise einmal „affectueux“ (69,34; 69,29) zeigen will, zurückhalten, weil man ihn haßt (62,26) und weil er anders, als er sich bisher gezeigt hat, nicht glaubwürdig ist.

Mit „Seele“ (68,27; 69,36) bezeichnet der Staatsanwalt etwas typisch Menschliches (70,3). Er sagt auch synonym „Herz“ (70: 4, 9. 35). Dies versteht er aber weniger individualpsychologisch als sozialpsychologisch, da er als Norm die moralischen Grundsätze (70,3) und Spielregeln einer fragwürdigen Gesellschaft voraussetzt (70: 10, 23, 33). Der Höhepunkt seiner — ebenso fragwürdigen — Argumentation ist nach der an Pascal und Baudelaire erinnernden „goffre"-Metapher (70,10; indirekt in „se pencher sur elle", 70,1) die Gleichsetzung von moralischem und physischem Mord (70, 22—24) und die fatale Logik, „que l'homme qui est assis sur ce banc est coupable aussi du meurtre que cette cour devra juger demain" (70,28—30). Er stellt sich und seinen Werthorizont als persönlich zutiefst betroffen dar und behauptet, seine Forderung nach der Todesstrafe sei noch nie so berechtigt und die Ablehnung eines möglichen Gnadengesuches noch nie so sicher gewesen wie im Falle Meursaults (70,30—71,6). Nur die Guillotine kann nach Auffassung des Staatsanwaltes das gestörte Gleichgewicht zwischen seiner Anwaltspflicht und seinem Gewissen wieder in Ordnung bringen („balancé", 71,4). Selten hat Camus an irgendeiner Stelle auf so zynische Art die Hohlheit der Begriffe der Unparteilichkeit, Objektivität und Gerechtigkeit (60, 20—22; 70,8; 70,19) und seine tiefe Abneigung gegen die Todesstrafe dargelegt, auch nicht in seinem eigens dieser Frage gewidmeten Essay.

Was bleibt dem Angeklagten daraufhin als Möglichkeit der Selbstverteidigung? Meursault ist kein sozialpolitischer Revolutionär; seine späteren, nur dem Leser bekannten Reformvorschläge (S. 76) verwerfen die Guillotine nicht, sondern sind Gedanken, geboren aus einer sehr persönlichen Notsituation heraus, Gedanken eines zum Tode Verurteilten, die er wieder verwerfen wird. Er kennt zwar die Wahrheit („Je n'avais pas eu l'intention de tuer l'Arabe"; 71,11—12; „C'était à cause du soleil"; 71,17), aber die Wahrheit will niemand mehr hören, sie hat nur eine lächerliche Wirkung, und das weiß Meursault (71,17). Dieselbe Wahrheit aber ist es, die ihn später frei machen wird — innerlich.[19]

Die Verteidigungsrede, ähnlich aufgebaut wie die des Gegners (71,34—35), nur nicht auf „préméditation", sondern auf „provocation" (71,34) durch den Araber plädierend (daher 72,31), wirkt auf Meursault lächerlich, zeigt geringes Talent des Redners (71,35—36) und ermüdet Meursault sehr bald (71,25; 72,18; 72,26; 72,27; 73,1). Meursault registriert seine

vom Verteidiger hervorgehobenen positiven Seiten (72,3–5), sein Verhältnis zur Mutter, den Versuch der Zurückweisung des Argumentes des Staatsanwaltes (72,9–13) und das Fehlen der Beerdigungsereignisse. Meursault schweift ab, ergeht sich in angenehmen Erinnerungen (72,22–25) als Flucht aus der absurden Wirklichkeit, freut sich auf den Schlaf (72,28) und die Milde des Abends (73,4) und wirft noch einen letzten Blick auf seine Geliebte (72,25; 73,9). Er hofft, daß der Prozeß bald zu Ende sein möge (72,27), hat noch einen flüchtigen Blick für die Zeugen (73,5–13) und spekuliert anschließend mit seinem Anwalt, der ihm – von falschen Voraussetzungen ausgehend – vergebens Mut machen will (73,17–29), über Annulierung des Urteils und Gnadengesuch. Doch das Urteil (74,6), von ihm selbst ohne Kommentar, von seinem Spiegelbild – dem jungen Journalisten – ohne die allgemeine Sensationslust aufgenommen, belehrt ihn eines besseren: „Le président m'a dit dans une forme bizarre que j'aurais la tête tranchée sur une place publique au nom du peuple français."[20]
Meursault tritt nun in das entscheidende Stadium des Absurden ein, das Camus in seinem Essay „Der Mythos von Sisyphos" dargestellt hat. Das unbewußte, sinnlose und mechanische Leben, das Meursault bisher geführt hat, führte ihn einerseits in eine Art Überdruß (58,31: „être de trop" wie in Sartres „La Nausée"), aber andererseits an den Anfang einer Bewußtseinsregung: Er entdeckte die Absurdität der Welt. „An sich ist diese Welt nicht vernünftig – das ist alles, was man von ihr sagen kann. Absurd aber ist die Gegenüberstellung des Irrationalen und des glühenden Verlangens nach Klarheit, das im tiefsten Innern des Menschen laut wird. Das Absurde hängt ebensosehr vom Menschen ab wie von der Welt. Es ist zunächst das einzige Band zwischen ihnen (MvS 23)." „Der Mensch fühlt in sich sein Verlangen nach Glück und Vernunft. Das Absurde entsteht aus dieser Gegenüberstellung des Menschen, der fragt, und der Welt, die vernunftwidrig schweigt (MvS 29)." Das Absurde ist „mein Heimweh nach der Einheit (MvS 46)." „Ich weiß nicht, ob diese Welt einen Sinn hat, der über mich hinausgeht. Ich kann nur innerhalb menschlicher Grenzen etwas begreifen. Und ich weiß außerdem: diese beiden Gewißheiten – mein Verlangen nach Absolutem und nach Einheit und das Unvermögen, diese Welt auf ein rationales,

vernunftgemäßes Prinzip zurückzuführen – kann ich nicht miteinander vereinigen (MvS 47).“ „Leben heißt: das Absurde leben lassen. Das Absurde leben lassen heißt: ihm ins Auge sehen. Eine der wenigen philosophisch stichhaltigen Positionen ist demnach die Auflehnung (MvS 49).“ Camus lehnt daher nicht nur die metaphysische Hoffnung, sondern auch den Selbstmord als Lösung ab. „Es geht darum, unversöhnt und nicht aus freiem Willen zu sterben (MvS 50).“ Was bedeutet in dieser Welt des Absurden das menschliche Leben? „Nichts anderes zunächst als die Gleichgültigkeit der Zukunft gegenüber und das leidenschaftliche Verlangen, alles Gegebene auszuschöpfen (MvS 54).“ Denn: „Der Tod ist da, als die einzige Realität. Nach ihm ist alles vorbei (MvS 52).“ „So leite ich vom Absurden drei Schlußfolgerungen ab: meine Auflehnung, meine Freiheit und meine Leidenschaft (MvS 57).“
Diese und die folgenden Zitate aus Camus' „Sisyphos“ charakterisieren den Prototyp des absurden Menschen, Meursault, für den es – da die Welt keinen Sinn hat – „nicht mehr um Erklärungen und Lösungen, sondern um Erfahrungen und Beschreibungen geht. Alles beginnt mit einer scharfsichtigen Gleichgültigkeit (MvS 80).“ Camus als Romancier einer absurden Welt kann daher nicht mehr „Geschichten“ erzählen, wie es bislang üblich war, sondern muß sein (literarisches!) Universum selbst schaffen (MvS 84). Daher erklären sich weitgehend Sprache und Stil des „Fremden“: die Distanz Meursaults zum Prozeßgeschehen, die „impassibilité“ des Textes, die Beschränkung auf den optischen und akustischen Sinn, die Ironie, die Bevorzugung der indirekten Rede. Der Verzicht auf das passé simple als Tempus des traditionellen Romans mit seinem festen Realitätsbezug und seinem bürgerlichen Werthorizont zugunsten des passé composé zeigt an, daß Camus sich weigert, dem Leser das sichere Gefühl der Folge von Vergangenheit-Gegenwart-Zukunft zu vermitteln. „C'est donc bien exposer une succession de présents sans relations l'un avec l'autre“ (Vernet). Der stilistische Kontrast zwischen den langen Satzperioden der Juristen und der mehr lyrischen, auf das „au-dehors“ bezogenen Sätze Meursaults zeigt seine Distanz zum Prozeßverlauf, den er mehr von außen als von innen heraus zu betrachten scheint. Meursaults Sprache und seine Erklärungen zum anstehenden Sachverhalt sind

unangemessen. Er ist ein Fremder, weil seine Sprache und sein So-Sein nicht den Erwartungen entsprechen.
Aber auch uns ist er fremd. Nur durch unsere Identifizierung mit dem Ich Meursaults, mit seinem Standpunkt und seiner Weltsicht können wir unsere Distanz überwinden, die zum Verständnis des Ganzen notwendig ist. Wir müssen begreifen, daß er sich nicht auf unser Gedankengebäude zurückführen läßt. Von daher erklärt sich der totale Mangel von Satzverknüpfungen und von Wörtern, die Ursache und Wirkung, also Verbindungen herstellen. Evident ist, daß Dinge und Vorgänge einfach da sind, ohne Verbindung. Die Kohärenz im Wesen Meursaults, die der Staatsanwalt ebenso herauszufinden bemüht ist wie der Verteidiger, ist eine Kategorie, die dem Wesen des Angeklagten nicht gerecht wird. Ihre Wahrheit – Vorsatz oder Provokation – ist nicht die wirkliche Wahrheit. „La seule vérité objective recevable devrait être celle de l'Etranger, c'est-à-dire, d'une subjectivité totale, circulaire, qui n'ouvre sur personne, qui est incommunicable" (Vernet).
Nach dem Durchgang durch die Stadien „absurdes Leben" und „Bewußtwerden des absurden Lebens" folgt nun die Etappe der Auflehnung, der inneren und äußeren Revolte.

2.12 Vor der Hinrichtung

Der Interpretation des schwierigen fünften und letzten Kapitels der Erzählung (74–84), das eine gründliche Behandlung erfordert und verdient, stellen wir eine Gliederung voran:

I. Les pensées d'un condamné à mort

1) La théorie de l'évasion:
   a) le mécanisme implacable (74,13–75,9)
   b) le hasard (75,10–22)
   c) le souvernir de son père (75,23–76,5)

2) Réflexions sur la guillotine:
   a) les projets de loi (76,6–26)
   b) la réalité de la guillotine (76,27–77,10)

3) La vie ou la mort?

a) l'aube et le pourvoi (77,11–78,25)
   – l'aube (77,23–78,6)
   – le pourvoi (78,7–25)
b) la joie de vivre (78,26–34)
c) le souvenir de Marie (78,35–79,15)

II. Meursault et l'aumônier
1) L'arrivée de l'aumônier (79,16–28)
2) Meursault et la religion (79,29–80,14)
3) Ni consolation ni espoir (80,15–25)
4) Un monde à venir? (80,26–32)
5) Ennui et intérêt (80,33–81,3)
6) Lois célestes et lois terrestres (81,4–14)
7) Le visage divin (81,15–25)
8) Marie – le „Dieu“ de Meursault (81,26–82,3)
9) Une autre vie? (82,4–20)
10) L'absurdité de la vie: la révolte extérieure (82,24–83,28)

III. La merveilleuse paix et la trêve mélancolique: l'étape de la liberté intérieure et de la vie consciente (83,29–84,15).

Diese oder eine ähnliche Gliederung hat überall da ihre besondere Bedeutung, wo nicht die Interpretation aller Abschnitte durchgeführt werden kann. Als Einstieg in die Interpretation sollte man die Rolle der Gliederung („étude du plan“) nicht unterschätzen, da sie – wie es hier geschehen ist – über eine bloße Titelaufzählung der einzelnen Abschnitte hinausgeht und aus der Parataxe kleinerer oder größerer Partien zu einer gedanklichen Hypotaxe, zu einem System von Bei- und Unterordnungen vordringt, mit denen das ganze Kapitel in den Griff zu bekommen versucht wurde. So kann man feststellen, daß sich das ganze fünfte Kapitel in zwei Haupt- (I und II) und einen Schlußteil (III) gliedern läßt; der erste Teil wiederum in drei Unterteile (1–3) usw. Daß man innerhalb dieses Systems auch anders verfahren kann und z. B. noch Teil II gliedern könnte, ist nicht von der Hand zu weisen. Eine so verstandene Gliederung kann als Schlüssel für die Interpretation dienen.
Wenn man die Interpretation des ersten Abschnittes (74,13–75,9) mit der Frage „Wo befindet sich Meursault?“ beginnt, kann man eine immanente Wiederholung des Kapitels II, 2

einbeziehen und Spekulationen anstellen lassen über den Inhalt seiner Gedanken **nach** dem Prozeß und **nach** der Urteilsverkündung. So kommt man zu dem Ergebnis, daß es sich weniger um Rückbesinnungen („souvenirs") als um die Frage nach der Hinrichtung handelt, die Meursault beschäftigen. Der Gedankengang des ersten Abschnittes ist folgender: Meursault geht von der Frage aus, wie er noch der Hinrichtung entgehen könne (74,15). Er scheint wenig Hoffnung zu haben, wie die Sprache verrät, spricht er doch vom „inévitable" (74,16), vom „mécanisme implacable" (74,22), von der „préméditation irrésistible" (74,31). Er macht sich Vorwürfe, sich nicht schon früher darüber Gedanken gemacht zu haben (74,25–32). Wenn er wenigstens ein einziges Mal gelesen hätte, daß Zufall und Glück es vermocht hätten, einen Verurteilten vor dem Fallbeil zu bewahren ... Wenn er wenigstens gewußt hätte, wie ... (74,30–32). An Mut, die gleiche Tat zu wiederholen, hätte es ihm nicht gefehlt (75,1–2). Aber selbst wenn er dem „rite implacable" (75,5) entkommen wäre, hätte dann nicht die Jagd der Gefängnisaufseher und der städtischen Polizei begonnen, die ihn – wo er doch unbewaffnet wäre – auf der Flucht an der nächsten Ecke niedergeschossen hätten (75,5–7)? Insofern ist die Hoffnung (75,6) nicht im eigentlichen Sinne als eine positive Erwartung zu verstehen, sondern meint: „wenn es mißlingt", „im schlimmsten Falle", „Chance" mit negativem Vorzeichen. Er verwirft also alle luxuriösen Gedanken („luxuriös" deshalb, weil er es sich nicht leisten kann, kurz vor dem Tode seine Zeit mit Hirngespinsten zu vergeuden; vgl. 80,13) und verfällt wieder in seinen Pessimismus über die unerbittliche „mécanique" (75,9; 74,15; „roue": 74,30). Dieses Alternieren von schwarz und weiß, von Optimismus und Pessimismus kommt auch in dem Bild von Tag und Nacht zum Ausdruck (74,19), das zeigt, daß Meursault nicht mehr den farbigen Abglanz des Lebens (Goethe) sieht, sondern nur noch die krassen Gegensätze von Licht und Schatten, nur noch – um einen Essay-Titel von Camus aufzunehmen – „l'envers et l'endroit".

Der zweite Abschnitt[21] stellt ein erneuter Anlauf gegen die Realität der Tatsachen dar. Meursault geht diesmal nicht von vermeintlichen Chancen und im Grunde unerfüllbaren Hoffnungen aus, sondern von seiner Schwierigkeit, ein Urteil anzuerkennen, das für ihn von entscheidender Bedeutung ist – schließlich geht es um mehr als um eine Geldstrafe, um mehr als um eine Zuchthausstrafe, nämlich um seinen Kopf –, das aber in erheblichem Maße von Zufallsmomenten („hasard") bestimmt ist; z. B.: Uhrzeit; Art des Urteils: weder Freispruch noch Zwangsarbeit noch lebenslängliche Haft – d. h. alles wäre möglich gewesen; Unbestimmtheit des Begriffs der Gerechtigkeit; Abhängigkeit von Raum und Zeit, also Determinierung durch sie und damit Relativität der Gültigkeit dieses Urteils, das möglicherweise zu anderer Zeit und an einem anderen Ort anders gelautet hätte (75,14–18). Es besteht also ein eklatantes Mißverhältnis zwischen der Unlogik des Urteils und der Logik (sprich: Gesetzmäßigkeit, Folgerichtigkeit und Präzision) der Ereignisse von seiner Verkündung bis zu seiner Ausführung am Tage der Hinrichtung (75,11–13). Dennoch muß Meursault die „certitude insolente" (75,11), die „effets certains" (75,20–21) und die Ernsthaftigkeit (75,19; 75,21) der Situation erkennen.

In diesem Zusammenhang fällt ihm die Geschichte seines Vaters ein, der einmal bei einer öffentlichen Hinrichtung zugeschaut hatte. Meursault begreift erst jetzt, daß es nichts Wichtigeres und Interessanteres für einen Menschen gebe (75,30–32) als das blutige Schauspiel einer Hinrichtung. Da der Mensch dazu verurteilt ist, zu sterben (80,19; 83,15), müsse er darauf vorbereitet sein, was bei Camus nicht christlich zu verstehen ist. Während Camus den Menschen also mehr von seinem Ende her bestimmt (dabei ist Ende natürlich nicht mit „fin" im Sinne von „Zweck" zu verwechseln!), nämlich vom Tode, scheint bei Sartre eine optimistischere Auffassung vorzuherrschen, die behauptet: „L'homme est condamné à être libre", die zwar auch die Existenz betont, den Menschen aber mehr von seinem Ursprung her sieht. Nicht unwichtig ist in diesem Zusammenhang der Verweis auf Camus' „Der Mythos von Sisyphos", der mit der These beginnt, der Selbstmord sei das einzige ernsthafte philosophische Problem, der Selbstmord nämlich als mögliche Konsequenz aus der Absurdität des Lebens („vie absurde"; 83,6).

Meursault ist trotz zweifacher Zurückweisung des Gedankens, daß er vielleicht doch der Hinrichtung entgehen könnte, über die Erinnerung an die Vater-Anekdote erneut auf den hoffnungsvollen Gedanken der Freiheit zurückgekommen. Er legt aber dabei Zeugnis ab von einer bewundernswerten Klarheit und Hellsichtigkeit („clairvoyance", „lucidité"), die in einem absoluten Gegensatz zur Verwirrung seiner Sinne anläßlich des Arabermordes stehen. Er sieht seine Situation, so wie sie wirklich ist; er kämpft gegen Illusionen, die er sich machen könnte. Er sieht sich während eines kurzen Augenblicks – wie schon früher – gleichsam von außerhalb (75,34–76,1). Aber dieser Gedanke ist eingerahmt von einem zweifachen „j'avais tort" (75,33; 76,2) und von der Selbstkritik „ce n'était pas raisonnable" (76,2), denn er weiß, daß er im Grunde nicht „spectateur" (75,36), sondern leidender „acteur" ist. Dies zeigt auch seiseine physis an, die schnell von „warm" auf „kalt" (76,1–5) umspringt und die die obige Symbolik von hell und dunkel ergänzt, so daß er am Ende des dritten Abschnittes zum dritten Mal resignieren und die Idee (75,34; 75,36), einen anderen anstatt sich selbst auf dem Schafott zu sehen, fallen lassen muß. Damit sind im Grunde seine Überlegungen über eine etwaige Flucht (erster Abschnitt), über die Revidierung eines auf dem Zufall basierenden und folgenschweren Urteils (zweiter Abschnitt) und über seine Rolle als (potentieller) Zuschauer bei Hinrichtungen (dritter Abschnitt) abgeschlossen; nicht aber seine Reflexionen über die Guillotine und über Tod und Leben überhaupt, die die nächsten Seiten ausfüllen (76,6–79,15).

Seine Gesetzesvorlagen gehen wieder von der Idee der „chance" (76,9; 76,15), die man den zum Tode Verurteilten geben müsse. und von der des – weiter oben kritisierten – Zufalls aus; sie müssen daher ein so 100%iges (77,1; 76,15) Machwerk wie die Guillotine zurückweisen. Von daher müsse – und hier zeigt sich Camus' makabre Ironie – der „Patient" (76.12) wünsche, daß es direkt beim ersten Male „klappte", da es ohnehin wiederholt würde (76,19; 76,25) und der Tod durch das Fallbeil sicher sei. Mit fast sympathischen Worten spricht Meursault von der Guillotine wie von einem Menschen (77,5–6), von ihrer Präzision (77,2; 77,10), von ihrer Einfachheit (76,35; 77,4). Als ob er der Guillotine etwas von ihrer Erhabenheit, Imposanz und Fremdheit nehmen und als ob er sich mit ihr vertraut machen wolle, unterstreicht er, daß sie zu ebener Erde, also mitten unter den Menschen stehe (im konkreten und übertragenen

Sinn gemeint), ja daß man auf sie zugehe wie auf einen bekannten Menschen beim Rendez-vous an der Normaluhr.

Was Meursault die ganze Zeit noch beschäftigt, sind sein Gnadengesuch und der Gedanke, daß man ihn im Morgengrauen abholen und hinrichten würde, also wiederum zwei Seiten der vorher beschriebenen gegensätzlichen Gefühle Hoffnung und Angst. Er will sie unterdrücken (77,13; 77,15) – doch vergeblich (77,21–22). Bei jedem neuen Morgen, den er in der Zelle erleben darf, bestätigt er sich die Weisheit seiner Mutter „qu'on n'est jamais tout à fait malheureux" (77,33–34). Wenn sein Gnadengesuch abgelehnt würde, so überlegt er, sei dies auch nicht schlimm, da das Leben ohnehin nicht lebenswert, sondern bedeutungs- und sinnlos sei (78,12) und da man ja doch irgendwann einmal sterben müsse (78,13–14). Trotz des Höherschlagens seines Herzens beim Gedanken, noch zwanzig Jahre leben zu können (78,19), verzichtet er auf die Hoffnung, das Gnadengesuch würde angenommen. Dennoch erlaubt er sich während eines kurzen Augenblicks die andere Möglichkeit, daß er nämlich begnadigt würde, durchzuspielen. Doch hat er Bedenken, ob er seine Sinne vom Verstand her noch in der Gewalt halten könnte, wenn er diesem Gedanken zu lange nachhinge. Nur in Augenblicken größter Gefühlskälte und schärfsten Verstandes nimmt er für sich das Recht, das Feuer der Lebensfreude in sich kurz auflodern zu lassen, in Anspruch, um dieses gleiche Feuer überwachen und beizeiten löschen zu können. Der Lohn dieser äußersten Anstrengung ist die innere Ruhe für eine einzige Stunde (78,26–34; 79,2–3).

Nachdem Meursault vom Diesseits, für das Marie (79,4–15) repräsentativ ist, Abschied genommen hat, will ihn das Jenseits in der Gestalt des Gefängnisgeistlichen (79–83) retten, der weiß, daß er in Meursaults Zelle ein ungebetener Gast ist. Die Thematik der Auseinandersetzung, nämlich die Frage nach Gott, die Hoffnung auf ein Weiterleben nach dem Tode und die Loswaschung von den Sünden war schon in der ersten längeren Auseinandersetzung mit dem Untersuchungsrichter (II, 1) angeklungen, erlebt aber erst hier am Ende der Erzählung, ihre volle Entfaltung und ihren dramatischen Höhepunkt. Als Vorblick auf seine Einstellung zu diesen Fragen stellt Meursault wie scheinbar zufällig im Zusammenhang mit seinem „Abschied" von Marie noch einmal seine „insensibilité", seine „indifférence" und seinen Mangel an „intérêt" (79,9–15) heraus, drei Grundeinstellungen, die auch die Auseinandersetzung mit dem Geistlichen bestimmen („importance": 79,33; „intérêt": 80,5; 80,14; „ennui": 80,35). Hoffnung und Trost (80,7; 80,8; 80,21; 80,31) kann ihm der Geistliche nicht geben, seine Angst (80,8) nicht nehmen. In manchen Fragen kommen sich beide scheinbar näher (zum Tode verurteilt sein: 80,18–19; 83,15–16; Zeitpunkt des Todes ist gleichgültig: 80,22–23; 78,17), doch fehlt dem Denken Meursaults völlig der metaphysische Bezug, der beim Geistlichen bestimmend ist. Im Gegensatz zu seiner ersten Mitteilung (79,20) versucht dieser nun, Meursaults Interesse auf eine andere Art zu wecken – mit Erfolg (81,3–4). Doch Meursault wiederholt nur seine uns bekannte Einstellung (75,3; 81,11), daß er wohl oder übel die Gewalt der Gesellschaft anerkennen und seine Schuld (75,2) bezahlen muß (81,11); Nietzsches „Gott ist tot" oder der marxistische Atheismus vom unsichtbaren, deshalb nicht existenten Gott taucht bei Meursault als Antwort auf die Suche nach dem „visage divin" (81,24) auf. Er, der die Seele ableugnet, muß die platonisch-christliche Gotteslehre ableugnen; er, der an ihre Stelle die Sinne (81,29) gesetzt hat, findet in Marie nur einen irdischen und ephemären (81,30–31) Ersatz. Sieht man so den „Dialog" Meursaults mit dem Geistlichen als philosophisch-theologische Auseinandersetzung zwischen einem heidnischen Monismus (dessen „Alles Sein ist Materie" schließlich auf die Sensualisten und Materialisten der englischen und französischen Aufklärung zurückgeht) und einem christlichen Dualismus (der Leib **und** Seele anerkennt), dann ist ein Kompromiß unmöglich. Die christliche Überzeugung und die persönliche Gewißheit lassen den Geistlichen nicht ruhen, so daß er Meursault fragt, ob er sich nicht schon einmal ein anderes Leben gewünscht habe (82,7–8). Erneut kommt es zu einem Mißverständnis, wenn Meursault im Rahmen des Irdischen bleibt (82,8–10), wie er es sich schon selbst einmal überlegt hatte („dans un autre monde", 54,10, mit eindeutigem „mémoire"-Charakter). Und dieses andere Leben ist genau das, das er einmal geführt hatte bis zum Mordtage bzw. bis zum Tage seiner Festnahme, ein absurdes Leben zwar (83,6), das er aber gerne noch einmal leben würde (84,8) und in dem er sich an sein momentanes Zellendasein erinnern könnte (82,13).

Eine biblische Anspielung auf den Judaskuß bzw. die dreimalige Verleugnung des Herrn durch Petrus mag man in der Ablehnung Meursaults sehen, sich vom Geistlichen umarmen (81,36) zu lassen und ihn mit „mon père" anstatt mit „monsieur" (82,18) anzureden, und in der Behauptung, der Geistliche gehöre zu den „anderen" (82,20). Auf jeden Fall ist dies der Moment, wo Meursault sich nicht mehr beherrschen kann (82,24–28; 83,24–28). Er schleudert dem Geistlichen seine Wahrheiten und Gewißheiten ins Gesicht, die die Form eines Paradoxons annehmen (82,30), von Meursaults Auffassung her aber durchaus verständlich sind. Er, Meursault, sei sich nicht nur des Lebens, das er gelebt hatte, sicher, sondern auch des nahenden Todes, während der Geistliche noch nicht einmal sicher sein könnte, daß er lebe, geschweige denn, was nach dem Tode sei. Der Geistliche ist es gerade, der ungewollt und unbewußt Meursault in seiner Auffassung bestätigt, so, wie er gelebt hatte, richtig gelebt zu haben (82,35). Meursault ist also kein Nihilist, sondern ein Diesseitsbejaher, ein methodischer Zweifler und sensualistischer Skeptiker, ein Mensch, der nicht bedauert, sich in dieser oder jener Situation des Lebens nicht anders verhalten zu haben (Idee des „choix": 82,36–83,1 u. ö.). Camus fordert seine Leser auf, diese Negation Meursaults positiv zu sehen, denn es gebe kein anderes Leben für einen Menschen ohne Gott. In einem der vielleicht schwierigsten, aber auch schönsten Sätze der ganzen Erzählung erklärt Meursault noch einmal seine Grundhaltung zum Leben, die „indifférence" (83,5–9). Die Einleitung zu diesem Satz beinhaltet die Bedeutungslosigkeit alles Seins und Tuns (83,4), die auch der Geistliche verstehe, da für ihn das Irdische ja nur ein Durchgangsstadium zum Überirdischen ist. Und dann heißt es: „Du fond de mon avenir, pendant toute cette vie absurde que j'avais menée, un souffle obscur remontait vers moi à travers des années qui n'étaient pas encore venues et ce souffle égalisait sur son passage tout ce qu'on me proposait alors dans les années pas plus réelles que je vivais." Aus der Zukunft habe ihm immer ein unsichtbarer Hauch ins Gesicht geweht, um auf seinem (d. h. des Hauches) Weg alle Dinge, die ihm andere Menschen einmal als bedeutsam, dann als unwichtig hinstellen wollten, gleich (un-) wichtig zu machen, so daß die Jahre, die er durchlebt hatte, nicht weniger wirklich gewesen sind,

als die gewesen wären, die er verbracht hätte, wenn er angeblich Wichtiges und Unwichtiges unterschieden hätte. So bedeuten ihm Tod, Liebe und Gott nichts (83,10). Es gibt nur das alle und alles gleichmachende Privileg, verdammt, d. h. zum Sterben verurteilt zu sein. So kann es für Meursault nur das Sterben als Lösung der absurden Situation geben, die in dem unüberbrückbaren Abgrund zwischen dem Menschen und der Welt besteht. Das Leben leben? Ja! Aber auch den Tod akzeptieren! Dies ist eine radikale Haltung, die in der radikalen Ablehnung des Christentums ihre Parallele findet. Später wird es bei Camus den – sozial und politisch gesehen – revoltierenden Menschen („L'Homme révolté"), eine echte Auseinandersetzung zwischen weltlicher und geistlicher Interpretation der Rolle des Menschen und des Sinns des Daseins und eine konstruktivere Lösung („La Peste") geben, die folgenden Leitgedanken aus den Gerechten" hat: „Wenn der Tod die einzige Lösung ist, befinden wir uns nicht auf dem richtigen Weg. Der richtige Weg führt zur Sonne."
Was für den Anstaltsgeistlichen „la vie éternelle" ist, ist für Meursault „la vie absurde" – nämlich die einzige Gewißheit, die es gibt. Die Egalität aller Ereignisse und alles Seienden stellt am Ende der Erzählung die Verbindung zu ihrem Anfang her. Wie im zeitraffenden Verfahren fallen in schneller Folge Streiflichter auf die Personen, die im ersten Teil im Leben Meursaults eine erwähnenswerte Rolle gespielt haben. Vom nahen Ende her gesehen hat für Meursault nichts Bestand und Wert. Alle Menschen sind gleich, alle sind verdammt, alle sind sterblich, es gibt keine Belohnung. Man muß daher das Leben voll genießen und es nehmen wie es ist, ohne darin einen Sinn zu suchen. Das ist für einen Atheisten die einzig mögliche Konsequenz aus dem absurden Dasein. Als Meursault das erkennt, gibt er die Haltung der äußeren Revolte auf und sucht seinen Schlaf und inneren Frieden, indem er sich ganz der „zärtlichen Gleichgültigkeit" dieser Welt und der „trêve mélancolique" hingibt (15,27; 84,5). Er akzeptiert sich und sein Leben und fühlt sich durch seinen Zornesausbruch gegen den Geistlichen vom Übel gereinigt, ohne dies- und jenseitige Zukunftserwartung. So kommt er zu der Bilanz seines Lebens: „J'ai senti que j'avais été heureux, et que je l'étais encore" (84,12); so glücklich, wie er bis zu dem Tage gewesen war,

als er den Araber erschoß. In der Annahme seines Todes akzeptiert er das absurde Dasein und stellt das durch den Mord gestörte Gleichgewicht wieder her. So wird er in das letzte Stadium eintreten können und nach der „révolte solitaire" seine innere Freiheit wiedererlangen. Meursault hat den Kelch bis zur Neige getrunken und wird nun, nach einer kleinen Weile, sagen können: „Es ist vollbracht." Denn was ist schon das Leben? „Une naissance et une mort, entre les deux la beauté et la mélancolie" (Camus).

2.13 Camus und Der Fremde

Camus hat sich nicht nur in seinen Tagebüchern und Interviews, sondern auch in einem eigens für eine amerikanische Ausgabe des „Fremden" verfaßten Vorwort zu seiner Erzählung geäußert (5–6). Man kann dieses Vorwort zwar nicht als kohärente Interpretation bezeichnen, sondern es stellt eher eine Einführung in die Textinterpretation dar. Es erhält seine Bedeutung für den Leser erst nach ein- oder mehrmaliger Lektüre der Erzählung. Für Camus ist Meursault unter folgenden Gesichtspunkten bedeutsam: Meursault ist ein Fremdkörper in der Gesellschaft, weil er sich weigert, ihre Spielregeln anzuerkennen, weil er sich weigert zu lügen. Die Lüge wird hier nicht als bloße Unwahrheit verstanden, sondern meint: „dire plus que ce qui est et, en ce qui concerne le coeur humain, dire plus qu'on ne sent." Meursault sagt nur, was ist, was er über seine aufnehmenden Sinne (besonders über Auge und Ohr) als wirklich oder als Eindruck ausmachen kann. Er zeigt nur seine unkonventionellen Gefühle (50,4) und weigert sich zu heucheln (46,31). Seine vielen kurzen, aber eindeutigen „Nein" im Verlaufe des zweiten Teils legen davon Zeugnis ab; unsere Betrachtung von Sprache und Stil haben Meursaults eigene, distanzierte und ironische Art, Menschen und Umwelt zu sehen, herausgestellt: sein Mißverhältnis zur Welt, das einem reziproken Mißverständnis gleichkommt. Meursault weigert sich, die Dinge zu vereinfachen, und ist vom Streben nach dem Absoluten und nach der Wahrheit geleitet. Es ist nicht die halbe oder vorschnelle Wahrheit der Juristen, auch nicht die metaphysische Gewißheit des Geistlichen, sondern „la vérité d'être et de sentir." Wegen dieser Leidenschaft verurteilt ihn die Gesellschaft zum Tode. Für den atheistischen Schriftsteller Camus legt Meursault, der heidnische und unheroische Held, Zeugnis von der Wahrheit des Menschen unserer Tage ab, so daß er für Camus „der einzige Christus ist, den wir verdienen“[22]; für die Gesellschaft ist er jedoch der personifizierte Antichrist (50,28).

Die Pest

3.1 Inhalt, Struktur und Erzähltechnik der Pest

Der Interpretation dieses Romans soll wiederum eine Inhaltsanalyse vorangehen. In „Reclams Romanführer“ heißt es zu Camus' „Pest“:[23] „An einem Aprilmorgen findet der Arzt Bernhard Rieux eine tote Ratte; sie ist der erste Bote der Pest, die bald um sich greift. Eine Gesundheitskommission wird einberufen, die Stadt muß geschlossen werden. Der Jesuitenpater Paneloux ruft in einer Predigt zur Buße: „Meine Brüder, ihr seid im Unglück, meine Brüder, ihr habt es verdient.“ Da die Stadt nun isoliert ist, betrifft die Pest jeden in ihr, auch die Verschonten. Tarrou schreibt die Ereignisse in einer Chronik nieder; der Journalist Rambert versucht rechte und unrechte Wege, um aus der Stadt zu kommen; Cottard aber gewinnt aus der neuen Lage: der Pestzustand verhindert seine Verhaftung. Rieux arbeitet bis zur Erschöpfung und darüber hinaus; wichtig ist ihm nicht so sehr das ohnehin entmutigende Ergebnis als vielmehr die Auflehnung gegen das Verhängnis. Immer mehr Kranke müssen abgeholt werden; Tarrou, Rambert und Paneloux geben ihre beobachtende Haltung auf und helfen Rieux. Rieux zu Tarrou: „Da die Weltordnung durch den Tod bestimmt wird, ist es vielleicht besser für Gott, wenn man nicht an ihn glaubt und dafür mit aller Kraft gegen den Tod ankämpft, ohne die Augen zu dem Himmel zu erheben, wo er schweigt.“ Als ein Kind trotz eines neuen Serums stirbt, hält Paneloux seine zweite Predigt, nun über notwendige und scheinbar unnütze Übel: Don Juans Höllenfahrt und den Tod eines Kindes. Da bleibt nur der Glaube: „Meine Brüder, die Liebe zu Gott ist eine schwierige Liebe.“ Bald darauf erkrankt Paneloux und stirbt. Um die Weihnachtszeit beginnt die Pest nachzulassen; der Sonderzustand kann aufgehoben werden, aber wenige Tage vor Öffnung der Tore stirbt Tarrou. Schließlich werden die Glocken geläutet und Dankandachten gehalten, die Vergnügungsstätten sind überfüllt. Als Cottard verhaftet werden soll, verliert er den Verstand und schießt in die Menge. Rieux geht durch diese Stadt, nach aller Mühe mit leeren Händen. „Was heißt das schon, die Pest? Es ist das Leben, sonst nichts“, hatte ein Patient gesagt.“

Der Roman „Die Pest“ besteht aus fünf Teilen und umfaßt insgesamt dreißig Kapitel; zu Teil I gehören die ersten acht Kapitel, zu Teil II die folgenden neun, zu Teil IV weitere sieben und zu Teil V schließlich die letzten fünf Kapitel, während der mittlere Teil III keine weitere Unterteilung aufweist. Hieraus erkennt man bereits die strenge Struktur des Romans, dessen Teile und Kapitel den Akten und Szenen einer klassischen französischen Tragödie gleichen: Symmetrisch gruppieren sich die ersten und letzten beiden Teile um den kurzen Mittelteil, in dem sich der Höhepunkt der Pest, ja des Romans überhaupt widerspiegelt. Insofern ist es erlaubt, die einzelnen Teile mit dramentechnischen Begriffen zu belegen: Teil I: „introduction“ oder „exposition“; Teil II: „noeud“; Teil III: „apogée“ oder „sommet“; Teil IV: „péripétie“; Teil V: „solution“ oder „dénouement“. Dem entspricht auf der inhaltlichen Ebene, daß am Ende von Teil I der Pestzustand offiziell erklärt und als erste Maßnahme die Stadttore von Oran geschlossen werden; an der Nahtstelle des vierten und fünften Teils kündigt sich dagegen das Ende der Pestzeit an, das dann im letzten Teil beschrieben und gefeiert wird.

Camus ist bestrebt, trotz aller Symbolik seiner Fiktion einen größtmöglichen Wirklichkeitsgehalt zu verleihen, um seine didaktischen Absichten verwirklichen zu können. So handelt es sich im Räumlichen ausschließlich um die algerische Mittelmeerstadt Oran, im Zeitlichen um Ereignisse, die sich in den 40er Jahren unseres Jahrhunderts zugetragen haben sollen: „Les curieux événements qui font le sujet de cette chronique se sont produits en 194 . , à Oran (f 9).“ Die Ereignisse erstrecken sich vom 16. April bis etwa zum 8. Februar des folgenden Jahres. Gelegentlich finden sich weitere Zeitangaben präziser oder vager Natur (Monate, Jahreszeiten, Fest- und Feiertage, 25. Januar usw.), die den Eindruck des historisch Verbrieften, aber auch des mehr oder weniger langsamen Fortschreitens der Zeit vermitteln sollen. Darüber hinaus ist das Bestreben, detailliert zu schildern und objektiv zu berichten, ein Charakteristikum dieses Romans. Dies hängt im wesentlichen mit der literarischen Gattung zusammen, die „Die Pest“ zu sein vorgibt: „une chronique“ (f 9, 12, 302).

Die Chronik im Sinne einer „Darstellung geschichtlicher Ereignisse lediglich nach ihrer zeitlichen Abfolge ohne Rücksicht auf innere, sachliche Zusammenhänge“[24] ist eine historische und literaische Gattung vor allem des Mittelalters und dann wieder, freilich unter anderen Voraussetzungen, des 19. Jahrhunderts. Für Camus kann die obige Definition von „Chronik“ nicht übernommen werden; er entwickelt im Laufe seines Romans einen individuellen Chronik-Begriff. In der „Pest“ handelt es sich weniger um geschichtliche Ereignisse im Sinne von Haupt- und Staatsaktionen, als um das Kollektivschicksal einer Stadt und ihrer Bewohner in einer ganz bestimmten, von einer alles bedrohenden Seuche gekennzeichneten Situation. Der Chronist dieser sich über knapp ein Jahr hinziehenden Geschichte der Stadt Oran schreibt mit größtmöglicher Objektivität – als zugleich distanzierter und doch betroffener Beobachter. Seine zeitliche Distanz zum Geschehen ist gering; er gibt vor, die Ereignisse unmittelbar nach dem Abzug der Pest aufgezeichnet zu haben (f 308). Hierdurch macht er noch einmal deutlich, daß Objektivität und Vollständigkeit wichtige Prinzipien seiner Darstellung sind. Mit anderen Worten: Würde er mit der Abfassung seiner Chronik längere Zeit warten, so könnte er einiges vergessen haben, anderes unfreiwillig schief oder falsch darstellen, wieder anderes nicht mehr nachprüfen. Der Eindruck der zeitlichen Nähe zu dem – natürlich fiktiven – Geschehen um und in Oran, den der Leser bei der Lektüre der „Pest“ ohnehin hat, wird verstärkt durch die Tatsache, daß dieser Roman bekanntlich im Jahre 1947 erschien, also unmittelbar (max. sechs Jahre) nach dem Ausbruch und Abklingen der Pest in Oran. Ein weiterer Unterschied zur traditionellen Chronik muß hervorgehoben werden: Trotz – sogar relativ strenger – Beibehaltung der zeitlichen Abfolge verzichtet der Chronist nicht auf die Darstellung der inneren Zusammenhänge. Es herrscht im Gegenteil ein ausgewogenes Verhältnis zwischen äußerem Geschehen und innerer Beteiligung vor. Man hat nie den Eindruck einer Reihung unreflektierter Fakten, sondern spürt immer die komponierende Hand des Chronisten, die sich ja bereits in der eingangs erwähnten dramaturgischen Struktur abzeichnete. Schließlich erstrecken sich diese ästhetischen und formalen Momente auch auf Sprache und Stil der Darstellung, auf Erzählhaltung und Darstellungsweise des Chronisten, der Beschreibungen und Reflexionen, direkte und indirekte Rede je nach Situation alternieren läßt. Ein moralisierender, sentenzenhafter Zug, der den ganzen Roman durchzieht, läßt ebenso wie noch zu interpretierende Kernstellen den Leser nie die didaktisch-politische Absicht des Verfassers vergessen, auf die weiter unten einzugehen ist.

Es gibt drei typische Erzählsituationen: die auktoriale, die personale und die Ich-Erzählsituation.[25] Es genügt für unseren Zusammenhang, wenn wir uns mit den ersten beiden Situationen oder Haltungen beschäftigen. Der auktoriale Erzähler scheint auf den ersten Blick mit dem Autor identisch zu sein. Er macht von seiner Allwissenheit vielfältigen Gebrauch. Er erzählt souverän, d. h. er überblickt den gesamten zeitlichen Ablauf der Geschichte und scheut sich nicht, ihn in Rückwendungen und Vorausdeutungen zu unterbrechen. Die Souveränität auktorialen Erzählens beweist sich weiterhin in der Personenzeichnung, für die dem Erzähler nicht nur die Außen-, sondern auch die Innensicht zur Verfügung steht: er hat Einblick in ihr Bewußt- und gegebenenfalls Unterbewußtsein, weil er ihr Schöpfer, ihr Autor ist. Typisch für ihn ist die berichtende Erzählweise, und das Erzählte wird durchgehend als in der Vergangenheit liegend aufgefaßt. Auktoriales Erzählen bedeutet Selbstkundgabe eines persönlichen und außerhalb der dargestellten Welt stehenden Erzählers. Seine Einmischungen, Zwischenreden und Kommentare zum erzählten Geschehen sind oft von diesem nicht zu trennen und üben einen vom Leser nicht immer bewußt wahrgenommenen Einfluß auf ihn aus. Oft ist es auch gar nicht möglich zu entscheiden, ob ein dargestellter Gedanke dem Erzähler oder einer Romanfigur zugehört. Sowohl ironische Weltsicht als auch die Neigung, mit dem Leser in einen Dialog zu treten oder den Erzählakt selbst zum Gegenstand seiner eigenen Reflexionen zu machen, kennzeichnen den auktorialen Erzähler.

Bei der personalen Erzählsituation hingegen verzichtet der Erzähler auf seine Einmengungen in die Erzählung. Eine mehr szenische Darstellung ruft die Illusion der Unmittelbarkeit des Geschehens hervor. Der Leser meint, er befinde sich selbst auf dem Schauplatz des Geschehens oder betrachte die dargestellte Welt mit den Augen einer Romanfigur, in deren Bewußtsein sich das Geschehen gleichsam spiegelt. „Das Zurücktreten des Erzählers im personalen Roman, die Neutralisierung oder Ausschaltung aller Erzähl-

elemente, aus denen im auktorialen Roman auf die Person des Erzählers geschlossen werden kann, das Vorherrschen szenischer Gestaltung, des Dialogs, der erlebten Rede und der Bewußtseinsspiegelung, und nicht zuletzt die Fixierung des point of view der Darstellung im Bewußtsein einer Romangestalt, verändern grundlegend die Orientierungslage des Lesers in einem personalen Roman im Vergleich zu jener im auktorialen Roman. – Da im personalen Roman im allgemeinen nur kurze Zeitabschnitte, oft sogar nur Momente, aber in der ganzen Dichte und Simultaneität der Eindrücke, Gedanken, Erinnerungen und Assoziationen erlebt, zur Darstellung kommen, zeigt die Handlung eines solchen Romans ein anderes Zeitgerüst als etwa die eines auktorialen Romans, in dem im allgemeinen größere Zeiträume mit langsam sich vollziehenden Wandlungen im zeitraffenden Bericht des Erzählers zusammengezogen werden, oder als die eines Ich-Romans nach autobiographischem Muster, im dem eine ganze Lebenskurve nachgezeichnet wird."[26] Die Kargheit an äußerer Handlung, die als Hauptgestalten in der Regel nur recht gewöhnliche und durchschnittliche Menschen kennt, findet am deutlichsten in der auffälligen Verkürzung der Zeit Ausdruck, die der Ablauf des Geschehens in Anspruch nimmt; oft sind es – z. B. bei Joyce oder im französischen „nouveau roman" – nur Stunden oder Tage. Damit ist indirekt schon gesagt, daß die personale Erzählsituation die jüngste und modernste der drei typischen Haltungen ist, von denen die auktoriale und die Ich-Form als die klassischen Erzählsituationen bezeichnet werden können.
In Camus' „Die Pest" bemüht sich ein Ich-Erzähler, sich als auktorialer Er-Erzähler in das Gewand des objektiven Chronisten zu schlüpfen, gleichzeitig aber einige der Möglichkeiten des auktorialen Erzählens, nämlich z. B. Allwissenheit und Allgegenwart des alles überschauenden Erzählers, abzulegen. Andererseits sollen durch dieses Verfahren die epische Distanz hergestellt und die Beschränkung auf den subjektiven Gesichtskreis und Blickwinkel des Ich-Erzählers vermieden werden. Die berichtende Erzählweise wird in der „Pest" beibehalten, jedoch die für den Ich-Roman typische Spannung von erlebendem und erzählendem Ich sehr stark neutralisiert.[27] Die Ich-Form hätte der „Pest" einen sehr subjektiven Stempel aufgedrückt und ihr den Charakter der

Chronik, des kollektiven Schicksals, des historisch-politisch Bedeutsamen genommen; sie wäre die Geschichte des Dr. Rieux geworden. Als Ich-Roman hätte die „Pest“ die Konfrontation von zwei ganz verschieden orientierten Entwicklungsphasen im Leben des Arztes, der Ich-Figur, thematisiert: die fortgesetzte Dialektik des erzählenden und erlebenden Ich mit dem Ziel, die Spannung zwischen diesen beiden Phasen entweder zu steigern oder zu entladen. Diese Spannung sollte aber vor allem zwischen dem auktorialen Erzähler und der von ihm dargestellten Welt – von der er ja ein Teil ist – dichterisch dargestellt werden. Die Spannung zwischen einer aus der Distanz kontemplierten und einer aus der Erinnerung wiedererlebten Welt, die Spannung zwischen Erzähler und Welt, die Spannung zwischen seinem Innerhalb und Außerhalb der dargestellten Welt und die Spannung zwischen Autor und Erzähler machen den ästhetischen Reiz von Camus' „Die Pest“ aus.
Überall dort, wo der Erzähler der „Pest“ über das Erzählen selbst reflektiert, wo es um das Problem von Wahrheit und Wahrscheinlichkeit des Erzählten – und damit um die Überzeugungskraft des Erzählers – geht, wo der Erzähler über die Quellen seiner Kenntnisse spricht und seine Omnipotenz und Ubiquitas einschränkt, wo er Gedanken über die Chronik als literarische Gattung und seine didaktisch-moralisierende Absicht einfließen läßt, da werden die oben ausgeführten poetologischen und ästhetischen Gedanken im Werk selbst geäußert: und dies ist ein Zug modernen europäisch-amerikanischen Erzählens überhaupt. Dies geschieht in der „Pest“ vor allem auf den ersten und letzten Seiten; gelegentlich auch und insbesonders immer dann, wenn der erzählende Arzt auf die Aufzeichnungen seines Freundes Tarrou zurückgreifen muß. Dieser Trick erlaubt es Camus, die im Grunde genommen bloß ichhafte Perspektive seines Erzählers auktorial – aber abgesichert – zu erweitern, ohne ihn auf das Niveau einer unglaubwürdigen Allgegenwart und Allwissenheit zu heben, so daß eine simple Gleichsetzung von Autor Camus und Erzähler Rieux schon vom Formalen her nicht zulässig ist. Der Erzähler Rieux „weiß“ weniger als sein Autor. Wenn der Autor sich andererseits in einer Romanfigur verbirgt, so ist dies – nicht nur im personalen und im Ich-Roman – oft im Erzähler selbst; in der „Pest“ läßt sich Camus jedoch nicht nur in Rieux wie-

derfinden, sondern z. B. auch gelegentlich in Tarrou, in Grand, vielleicht sogar in Rambert.
Zur Verdeutlichung der Erzähltechnik seien einige Stellen aus der „Pest“ zitiert und kommentiert:
Der Erzähler spricht im ersten Kapitel des ersten Teiles sehr allgemein von den Ereignissen, die sich im Frühjahr jenes Jahres in der Stadt Oran – mit der er sich bereits auf den ersten Seiten des Romans identifiziert, was der Gebrauch der ersten Person Plural andeutet („notre ville“, „nos concitoyens“) – zugetragen haben: „Ces faits paraîtront bien naturels à certains et, à d'autres, invraisemblables au contraire. Mais, après tout, un chroniqueur ne peut tenir compte de ces contradictions. Sa tâche est seulement de dire: „Ceci est arrivé“, lorsqu'il sait que ceci est, en effet, arrivé, que ceci a intéresse la vie de tout un peuple, et qu'il y a donc des milliers de témoins qui estimeront dans leur coeur la vérité de ce qu'il dit (f 12).“ Es geht hier dem Erzähler primär um das zu Erzählende, um seine Glaubwürdigkeit, um Zeugen, die die Wahrheit bestätigen können. Aber er macht schon eine sehr bedeutsame Einschränkung; er spricht von „témoins qui estimeront dans leur coeur la vérité de ce qu'il dit.“ Es handelt sich also weniger darum, Zeugen im juristischen Sinne zu benennen, die Detailangaben bestätigen oder präzisieren könnten, sondern vielmehr um eine innere Stimmigkeit des Ganzen, um die Richtigkeit der Atmosphäre einer verpesteten Stadt, um das Globalzeugnis eines Volkes in einer historisch bedeutsamen Situation. Hier spielt Camus also zum ersten Mal auf den Symbolgehalt der „Pest“ an.
Unmittelbar anschließend wendet sich der Erzähler mehr seiner eigenen Rolle und Arbeitsweise zu: „Du reste, le narrateur, qu'on connaîtra toujours à temps, n'aurait guère de titre à faire valoir dans une entreprise de ce genre si le hasard ne l'avait mis à même de recueillir un certain nombre de dépostitions et si la force des choses ne l'avait mêlé à tout ce qu'il prétend relater. C'est ce qui l'autorise à faire oeuvre d'historien. Bien entendu, un historien, même s'il est un amateur, a toujours des documents. Le narrateur de cette histoire a donc les siens: son témoignage d'abord, celui des autres ensuite, puisque, par son rôle, il fut amené à recueillir les confidences de tous les personnages de cette chronique, et, en dernier lieu, les textes qui finirent par lui

tomber entre les mains. Il se propose d'y puiser quand il le jugera bon et de les utiliser comme il lui plaira. Il se propose encore... Mais il est peut-être temps de laisser les commentaires et les précautions de langage pour en venir au récit lui-même. La relation des premières journées demande quelque minutie (f 12–13)." Dr. Rieux, der sich erst am Ende des Romans als Erzähler zu erkennen gibt – wo diese Enthüllung für den erfahrenen Leser keine Überraschung mehr sein wird –, ist natürlich als Arzt und Eingeschlossener mit erhöhter Verantwortung („la force des choses") in besonderer Weise für die Berichterstattung („relater", „relation") prädestiniert. Diese erhöhte Position verleiht ihm die entsprechende Sachkompetenz (Autorität, von lat. augere, frz. im Text: „autoriser") und Weitsicht, um seiner Erzählung die flüssige Form des Berichtes („récit") und den Wahrheitsgehalt eines Geschichtswerkes („oeuvre d'historien") zu geben. Der Historiker kann nicht immer – wie Goethe nach der Kanonade von Valmy – sagen, er sei dabei gewesen. Er bedarf der erzählenden und dokumentarischen Quellen und des Zeugnisses anderer („documents", „témoignage", „confidences", „textes"); er muß sichten und vergleichen, prüfen und auswählen. Die Geschichte als das Geschehene muß Geschichte als Darstellung werden. Hier zeigt sich, daß Geschichte im zweiten Sinne nie ohne subjektive Momente der Auswahl, der Sprache, des Wert- und Welthorizontes, der sozialkulturellen Bindung usw. des Geschichtsschreibers mögligch ist, daß es eine schlechthin objektive Historiographie nie geben kann; ebenso wenig, da Wissenschaft per se offen strukturiert ist, kann es etwas Endgültiges in der Geschichtswissenschaft geben. Wenn Geschichtsschreibung sinnvoll sein soll, so muß sie in dem ungeordneten Geschehen der Ereignisse Zusammenhänge aufdecken. Dies setzt den Verzicht auf Totalität, die Freiheit der Wahl und das Recht auf Interpretation voraus, freilich anhand von Kriterien, die – wo sie nicht aufgrund besonderer Umstände selbstverständlich sind – jeweils genannt werden müssen. Nichts anderes meint Camus' Erzähler, wenn er sagt, daß er aus den Texten (wie aus Quellen) schöpfen („puiser") werde, wenn er es für richtig hält, und daß er sie so gebrauchen werde, wie es ihm gefällt. Mit diesen grundsätzlichen Bemerkungen schließt das erste Kapitel des Romans.

Häufig muß sich der Erzähler der „Pest" auf das Zeugnis einer anderen Schlüsselfigur berufen: auf Jean Tarrou. Im dritten Kapitel des ersten Teils bereits führt der (Haupt-) Erzähler Rieux seinen späteren Freund Tarrou zum ersten Mal in dieser Funktion an (f29). Es heißt dann weiter über Tarrou: „Ses carnets, en tout cas, constituent eux aussi une sorte de chronique de cette période difficile. Mais il s'agit d'une chronique très particulière qui semble obéir à un parti pris d'insignifiance. A première vue, on pourrait croire que Tarrou s'est ingénié à considérer les choses et les êtres par le gros bout de la lorgnette. Dans le désarroi général, il s'appliquait, en somme à se faire l'historien de ce qui n'a pas d'histoire. On peut déplorer sans doute ce parti pris et y soupçonner la sécheresse du coeur. Mais il n'en reste pas moins que ces carnets peuvent fournir, pour une chronique de cette période, une foule de détails secondaires qui ont cependant leur importance et dont la bizarrerie même empêchera qu'on juge trop vite cet intéressant personnage (f30)." Rieux wird außerhalb dieses Kapitels, das mit einem interessanten Porträt des Arztes aus der Feder Tarrous schließt, noch öfter auf Tarrous tagebuchartige Aufzeichnungen („carnets") zurückkommen: z. B. – um einige größere Abschnitte zu zitieren – in II, 6 (f116–124); in IV, 1 (f194–200); in IV, 5 (f236–241); in V, 2 (f274–280).

Bevor sich Dr. Rieux am Ende des Romans als sein Erzähler zu erkennen gibt, ist er immer wieder im Verlauf des Berichts durch seine Reflexionen auf die Problematik einer wirklichkeitsgetreuen Darstellung zurückgekommen. Immer wieder suggeriert die fiktive Erzählung von der Pest in Oran nicht nur Kohärenz, innere Wahrheit und Wahrscheinlichkeit, sondern gibt sich als Abbild und Aufzeichnung von Wirklichkeit, als Nicht-Fiktion aus. An vielen Stellen entschuldigt sich der Erzähler gleichsam beim Leser für persönliche Reflexionen, die er einfließen läßt, versichert aber im gleichen Atemzug, daß das, was er gedacht und gefühlt hat, sich mit den Gedanken und Gefühlen seiner Mitbürger decke. Er objektiviert so durch das Verfahren der Generalisierung seine Subjektivität (f75). Anläßlich der Darstellung des freiwilligen Sanitätsdienstes, der auf Tarrous Initiative zurückgeht, macht sich der Erzähler Gedanken über die Bedeutung dieser „formations sanitaires“ im Lichte seiner Erfahrungen nach dem Sieg der Stadt über die Pest. Diese Gedanken weiten sich zu allgemeinen Betrachtungen moralisierender und anthropologischer Art aus, was typisch für den Erzähler der „Pest“ ist. Seine Mitbürger – so meint er – würden heute die Rolle dieses Sanitätsdienstes eher überschätzen. „Mais le narrateur est plutôt tenté de croire qu'en donnant trop d'importance aux belles actions, on rend finalement un hommage indirect et puissant au mal. Car on laisse supposer alors que ces belles actions n'ont tant de prix que parce qu'elles sont rares et que la méchanceté et l'indifférence sont des moteurs bien plus fréquents dans les actions des hommes. C'est là une idée que le narrateur ne partage pas. Le mal qui est dans le monde vient presque toujours de l'ignorance, et la bonne volonté peut faire autant de dégâts que la méchanceté, si elle n'est pas éclairée. Les hommes sont plutôt bons que mauvais et en vérité ce n'est pas la question. Mais ils ignorent plus ou moins, et c'est ce qu'on appelle vertu ou vice, le vice le plus désespérant étant celui de l'ignorance qui croit tout savoir et qui s'autorise alors à tuer. L'âme du meurtrier est aveugle et il n'y a pas de vraie bonté ni de bel amour sans toute la clairvoyance possible. – C'est pourquoi nos formations sanitaires qui se réalisèrent grâce à Tarrou doivent être jugées avec une satisfaction objective. C'est pourquoi le narrateur ne se fera pas le chantre trop éloquent de la volonté et d'un héroïsme auquel il n'attache qu'une importance raisonnable. Mais il continuera d'être l'historien des coeurs déchirés et exigeants que la peste fit alors à tous nos concitoyens“ (f 134–135). Auf dem Höhepunkt der Pest, im dritten Teil des Romans, kommt der Erzähler noch einmal auf sein Bemühen zurück, objektiv zu berichten „pour ne rien trahir et surtout pour ne pas se trahir lui-même“ (f 181). Er sagt dann weiter von sich: „Il n'a presque rien voulu modifier par les effets de l'art, sauf en ce qui concerne les besoins élémentaires d'une relation à peu près cohérente.“

Im vorletzten und letzten Kapitel des Romans schließt sich der Kreis, der sich im ersten Kapitel geöffnet hatte: „Il reste donc au narrateur à se faire le chroniqueur des heures de joie“ (f 293), verkündet der Erzähler nach dem Abklingen der Pest und dem Wiederöffnen der Stadttore. „Cette chronique touche à sa fin. Il est temps que le docteur Bernard Rieux avoue qu'il en est l'auteur. (...) Décidément, il devait parler pour tous" (f 302–303). Individual- und Kollektivschicksal sind unauflöslich miteinander verbunden; die Perspektive des Autors, der Liebe, Leid und Exil mit den Bewohnern der Stadt teilt, vermischt sich mit der des um Sachlichkeit bemühten Chronisten; Zurückhaltung einer- und Anteilnahme andererseits („réserve" und „parti pris") bilden den Spannungsbogen, den Rieux als Erzähler und Rieux als Arzt, den das neutralisierte, erzählende Ich und das erlebende, mitleidende Ich existentiell erfahren. Als mahnendes und erinnerndes Zeugnis einer grauenvollen Zeit, die beendet werden mußte, aber nicht vergessen werden darf, weil der Mensch ein Wesen ist, das in den Dimensionen der Zeit lebt und weil die Kenntnisse der Ereignisse zur Erkenntnis des Menschen führt, beschließt der Arzt, „de rédiger le récit qui s'achève ici, pour ne pas être de ceux qui se taisent, pour témoigner en faveur de ces pestiférés, pour laisser du moins un souvenir de l'injustice et de la violence qui leur avaient été faites, et pour dire simplement ce qu'on apprend au milieu des fléaux, qu'il y a dans les hommes plus de choses à admirer que de choses à mépriser. – Mais il savait cependant que cette chronique ne pouvait pas être celle de la victoire définitive" (f 308–309). Denn Rieux weiß, daß diese Heiterkeit und dieser Friede immer wieder bedroht sind, denn mag auch die Pest überwunden sein, der Pestbazillus ist damit noch nicht endgültig ausgerottet, das Böse im Menschen schlummert weiter. „Il savait que, peut-être, le jour viendrait où, pour le malheur et l'enseignement des hommes, la peste réveillerait ses rats et les enverrait mourir dans une cité heureuse" (f 309). Mit diesen warnenden Worten, die einen pessimistischen Schatten über die fröhliche Stimmung in der Stadt werfen, schließt der Roman.

Im weiteren Verlauf der Darstellung und Interpretation werden wir vor allem die Abschnitte der „Pest"-Ausgabe im Verlag Velhagen und Klasing[28] detailliert heranziehen; dies sind in der Originalausgabe die Kapitel – gegebenenfalls nur in Auszügen – I, 6; II, 1–4; II, 7; IV, 2–4; IV, 6–7; V, 5, d. h. je ein Kapitel aus dem ersten und letzten und je fünf

Kapitel aus dem zweiten und vorletzten Teil. Aus dem Mittelteil hat die erwähnte Schulausgabe keine Auszüge übernommen. Unsere nachfolgende Gliederung (3.2 bis 3.11) bezieht sich auf die einzelnen Kapitel dieser Schulausgabe.

3.2 Rieux und Grand

Bevor wir uns dem ersten Kapitel der Schulausgabe zuwenden, wollen wir kurz berichten, was vorausgegangen ist. Nach den bereits erläuterten einleitenden poetologischen Bemerkungen stellt der Erzähler zuerst einmal die Stadt Oran und ihre Bewohner vor. Es kommt ihm darauf an, beide als gewöhnlich oder durchschnittlich zu charakterisieren, um zu zeigen, daß die Ereignisse, die er schildern will, sich in jeder anderen beliebigen Stadt hätten zutragen können. Oran hat nur exemplarischen Wert. Im zweiten Kapitel zeigen sich die ersten Symptome der Pest: die Ratten. Der Arzt Rieux begleitet seine Frau, die zur Kur fährt, zum Bahnhof. Daneben werden die anderen Haupt- und einige Nebenfiguren des Romans dezent eingeführt: Rambert, Tarrou, Grand, Paneloux, Cottard, Othon, der alte Asthmatiker und Rieux' Mutter, die während der Abwesenheit ihrer Schwiegertochter den Haushalt ihres Sohnes führen wird. Die Pest schlägt zum erstenmal zu: Der alte Michel ist ihr erstes Opfer. Die Stadt wird allmählich unruhig; man fühlt sich bedroht. Die erste Überraschung verwandelt sich in Angst, die Angst in Panik. Alle Schichten der städtischen Bevölkerung werden von der geheimnisvollen Krankheit erfaßt. Im vierten Kapitel läßt der Erzähler die Ärzte die Krankheit beim Namen nennen. Es ist die Pest. Das fünfte Kapitel stellt eine längere Betrachtung des Arztes über die Rolle der Pest in der Geschichte und über ihre mögliche Bedeutung für die Bewohner Orans dar. „Nos concitoyens n'étaient pas plus coupables que d'autres. (...) Comment auraient-ils pensé à la peste qui supprime l'avenir, les déplacements et les discussions? Ils se croyaient libres et personne ne sera jamais libre tant qu'il y aura des fléaux" (f 43). Er läßt die Bilder der Pest, etwa dreißig an der Zahl, die ihm in den Sinn kommen, mit ihren Symptomen vorüberziehen. Aber Rieux will sich durch diesen Taumel nicht weiter fortreißen lassen. „Ce qu'il fallait faire, c'était

reconnaître clairement ce qui devait être reconnu, chasser enfin les ombres inutiles et prendre les mesures qui convenaient" (f45). Man muß die Dinge nehmen wie sie sind, realistisch sein und mutig seinen Weg gehen. Gewißheit gibt es für Rieux nur in der täglichen Arbeit; das ist das Wesentliche: „bien faire son métier" (f46).
Mit seinen Protagonisten stellt uns Camus verschiedene menschliche Verhaltensweisen in einer konkreten Situation und im mitmenschlichen Aufeinanderbezogensein dar: der eine, der die Gefahr nicht scheut und zupackt; der andere, dessen wahre menschliche Größe erst unter diesen besonderen Voraussetzungen zu Tage kommt; der dritte, der sein Gesicht verliert; der vierte, der der menschlichen Gemeinschaft unsolidarisch den Rücken kehren will; wieder ein anderer, dessen kriminelle Veranlagung erst jetzt richtig aufblühen kann; ein weiterer, der durch ideologische Interpretation des Geschehens einen fragwürdigen ideellen Nutzen aus der Situation ziehen will.
Nicht zufällig stellt Camus neben der Hauptfigur Rieux den Durchschnittsmenschen Joseph Grand als ersten vor, den kleinen bescheidenen Rathausangestellten, der zu nichts weniger geeignet scheint als zum Heldentum. In Liebe und Beruf gescheitert, von seiner Frau verlassen, ohne jegliche Karriereaussichten, ist Grand doch kein unglücklicher Mensch. Das nicht unironische Porträt, das der Erzähler von ihm zeichnet, kann nicht darüber hinwegtäuschen, daß der Erzähler und mit ihm der Autor, wie belegt ist, eine besondere Sympathie für ihn haben. Grand reiht sich als Antiheld in die Geschichte des modernen Romans von Flauberts „Madame Bovary" bis zum „nouveau roman" lückenlos ein. Er ist gleichzeitig – auch im Sozialen und Politischen – der Durchschnittsfranzose („le Français moyen"), der treu, aber ohne Selbstvertrauen seine Pflicht tut. Noch nicht abgestumpft für die kleinen Dinge des Alltags, bereit, seine Gefühle und Empfindungen zu zeigen, wird sein Leben als exemplarisch hingestellt (vk9). Ein Mann, der immer nach seinen Worten suchen muß, sich nicht ausdrücken kann und im entscheidenden Moment lieber schweigt, findet in Rieux einen Menschen, dem er sich anvertrauen kann. Und Rieux als Erzähler hält es gerade für besonders wertvoll, Grands „confidences personnelles" (vk9) aufzuzeichnen, um von seiner „particularité" und „originalité" (vk8) Zeugnis abzu-

legen. Dazu gehört z. B., daß Grand abends, nach Feierabend, an einem Roman schreibt, mit dem er sich Achtung vor der Welt verschaffen will, den er aber nie über die erste Seite hinausbringen soll. Eine weitere Eigentümlichkeit Grands, daß es ihm nämlich an Ausdrucksfähigkeit mangelt, läßt es nicht zu, daß er an seine Vorgesetzten oder an seine Frau schreibt. Das richtige Wort zum richtigen Zeitpunkt — dies ist auch Jans Problem in Camus' „Mißverständnis", das zum tragischen Untergang des Helden führt.
Rieux' Nachdenken über Grand bettet sich ein in seine Gedanken über die Pest (vk6, vk9), so daß die Porträtierung und Charakterisierung Grands sich wie eine gedankliche Abschweifung vom Hauptthema „Pest" liest. Rieux geht davon aus, daß solch physisch schwache Menschen wie Grand von der Pest verschont werden; damit wird er Recht behalten. Seine Überlegungen schließen mit einer sich durch die Pluralform ausweisenden Generalisierung, die zeigt, daß Camus in Grand nicht nur ein Individuum, sondern einen ganz bestimmten Typus zeichnen will: den bescheidenen Beamten. Und Rieux kann sich nicht vorstellen, daß der Pest in einer Stadt, wo es Menschen vom Schlage Grands gibt, Zukunftsaussichten eingeräumt werden können. Grand seinerseits ist von der — freiwillig einseitigen — Aussprache mit Rieux so gerührt, daß der Arzt nur vermerken kann: „Visiblement, Grand était à mille lieues de la peste" (vk11).

3.3 Rieux und Rambert

Auf Drängen Rieux' werden von den Behörden der Stadt die ersten Maßnahmen ergriffen; eine Gesundheitskommission wird eingesetzt, in der sich zuerst einmal eine heiße Diskussion unter den Ärzten entwickelt, in deren Verlauf Rieux mit Nachdruck halbherzige Maßnahmen ablehnt. Im achten Kapitel des ersten Teils beschreibt Rieux im einzelnen die städtischen Vorbeugungsmaßnahmen. Nach dem Bericht Grands über den total veränderten Cottard sucht Rieux diesen auf. Ihre Unterredung schließt mit Rieux' Frage, was die Stadt nach Cottards Meinung in dieser bedrohlichen Situation brauche, worauf Cottard antwortet: „un tremblement de terre. Un vrai!" (f64). — Rieux muß für die Präfektur einen Bericht fertigstellen, der der Hauptstadt der Kolonie zuge-

sandt wird. Von dort erhält man umgehend die offizielle Depesche: „Déclarez l'état de peste. Fermez la ville." Damit ist der erste Teil des Romans beendet.
Mit der Erklärung des Pestzustandes und dem Schließen der Stadttore ist die entscheidende neue Situation für Oran und seine Bewohner eingetreten. Die „huis-clos"-Situation ist kennzeichnend für den größten Teil des Romans. Denkt man an Camus' „Pest", so assoziiert man damit sogleich die Thematik des Eingeschlossenseins, der Trennung, des Leidens und der Revolte. Was ist nun das Charakteristische dieser Situation? Rieux wird nicht müde, diesen durchgehenden Zug des monatelangen Eingeschlossenseins in aller Breite dem Leser anschaulich darzustellen: die allmählich abreißende Kommunikation mit der Außenwelt (f 72 f.); das sich verändernde Bewußtsein der Städter; das Gefühl, im Exil zu leben (f 75, f 77); das Ausgeliefertsein an Vergangenheit und ungewisse Zukunft, an Erinnerung und vage Hoffnung (f 76 f.); die Vereinzelung des Menschen (f 79) trotz kollektiven Schicksals; der Abbruch von Handel und Verkehr (f 81); die steigende Zahl der Pestopfer (f 82); das veränderte Stadtbild (f 83 f.); das allmähliche Abweichen von der Norm, das Cottard als erster prophezeit und das für ihn vielleicht am ehesten zutrifft: „nous allons tous devenir fous, c'est sûr" (f 84; vgl. f 303, 304, 306).
Camus weiß, daß er es als Schriftsteller nicht mit der allgemeinen, abstrakten Darstellung von Exil und Trennung bewenden lassen darf, wenn sein Buch eine große Wirkung erzielen sollte. Daher konkretisiert er in der Person Ramberts dieses entscheidende Romanmotiv. Rambert ist zufällig in Oran, um als Journalist einen Bericht über die Lebensbedingungen der Araber zu schreiben; insofern arbeitet Camus biographische Züge in diese Romanfigur ein. Rambert wird nun von dem totalen Abgeschlossensein der Stadt überrascht, er kann Oran nicht mehr verlassen. Daher bittet er Rieux, nachdem er vergeblich beim Präfekten vorgesprochen hat, ihm bei seinem Ansinnen zu helfen. Als Rieux ablehnt, entwickelt sich zwischen den beiden Männern eine Diskussion, die ihre grundsätzlich verschiedene Auffassung vom Verhalten des Menschen in dieser Situation zu Tage bringt.
Das zweite Kapitel in der Schulausgabe der „Pest" gliedert sich wie folgt: Nach der allgemeinen Einleitung über das

Thema der Trennung (vk 11,22–12,19) folgen die beiden Hauptteile; der erste stellt den Dialog zwischen Rieux und Rambert dar (vk 12,20–16,21), der zweite Rieux' Reflexionen und Konsequenzen (vk 16,22–19,13). Was heißt „séparation", wie kommt es dazu, wie zeigt sie sich und welches sind ihre Folgen? Die Trennung oder das Exil entsteht nicht durch das Verlassen eines Landes oder einer Stadt, sondern durch das Nicht-Verlassen-Können; im Exil sind nicht die, die ausziehen (lat. exire), sondern die, die bleiben (müssen). Man könnte von einer inneren Emigration sprechen, wenn dieser Begriff nicht im Zusammenhang mit den Ereignissen in Deutschland nach 1933 eine andere Bedeutung erhalten hätte. Entscheidend ist für die „Emigranten", daß sie alle in derselben Falle gefangen sind oder – wie Camus später die Situation des Schriftstellers in unserer Zeit umschrieb – alle in demselben Boot sitzen („être embarqué") und damit fertig werden müssen („Il fallait s'en arranger"). „Die Pest" ist der Roman des kollektiven Leidens im Exil.
Hier knüpft die Begegnung Rieux' mit Rambert an, dessen Porträt und Rolle – wie oben ausgeführt – zuerst einmal dargestellt werden müssen. Der Zufall hat ihn von seiner Geliebten in Paris getrennt und er ist willens, sich Mittel und Wege zu verschaffen, die in seinen Augen ungerechte Zwangstrennung von ihr zu beenden, da er als Fremder nichts mit den Ereignissen in Oran zu tun habe. Rieux argumentiert ähnlich wie der Direktor der Präfektur: Rambert solle das beste aus der Situation machen und seinen Bericht über das Leben der Araber verfassen; im übrigen könne man keine Ausnahme gestatten. Ein Gesundheitszeugnis, das ihm schließlich doch nichts nützen würde, kann Rieux ihm nur für den Zeitpunkt der Untersuchung ausstellen. Rambert kann nicht einsehen, daß er nun zu Oran gehört, ob er will oder nicht, und daß er dem Schicksal nicht entgehen kann. Rieux versucht nachdrücklich, ihm seine eigene Einstellung zur Pest klar zu machen. Rieux' Einstellung zeichnet sich durch Klarheit, Realismus und Entschiedenheit, durch moralischen Rigorismus aus: erstens betrifft die Pest alle, die – ob zufällig oder nicht – sich zur Zeit in Oran aufhalten; die Pest ist total, egalitär und absolut; zweitens muß man die Pest so nehmen, wie sie ist (das ist die Evidenz, von der Rieux spricht); drittens muß man tun, was zu tun ist: seine Pflicht. In dieser Auffassung gehen

Klarheit der Erkenntnis und Entschiedenheit des Handelns eine unauflösliche Bindung ein, die an die kantianische Urteilskraft und Ethik erinnert. Rambert will oder kann sich nicht auf dieser Abstraktionshöhe mit Rieux auseinandersetzen. Seine Argumente verwässern sich zu Vorwürfen, die z. T. sogar haltlos und, wenn auch ungewollt, verletzend sind, z. B. wenn er sagt, Rieux könne nicht beurteilen, was die Trennung für zwei Liebende bedeutet. Rambert wird erst später das Schicksal von Rieux' Frau erfahren. Natürlich hat Rambert Recht wenn er sagt, Rieux spreche „le langage de la raison" (vk 15), aber Rieux legt sich selbst Rechenschaft darüber ab, daß er es sich – will er nicht zugrunde gehen – nicht leisten kann, die Sprache des Herzens zu sprechen. Ein letzter Appell Ramberts geht von seinem individuellen Glücksverständnis aus.[29] Glück heißt für Rambert: individuelles Glück, z. B. Zusammenleben mit einer Frau. Er nennt es auch „une question d'humanité" (vk 15) und sagt, daß sich das allgemeine Wohl aus dem Glück jedes einzelnen zusammensetzt (vk 16). Aber hier zeigt sich, daß er sein individuelles, fast egoistisches Interesse hinter der allgemeinen Fassade der „humanité" und des „bien public" versteckt. Er verschleiert sein wahres Interesse und spricht daher ideologisch. Im Gegensatz dazu redet Rieux objektiv; er verzerrt nicht die Wirklichkeit und verschleiert keine persönlichen Interessen.

Abstraktion und Glück sind die beiden Schlüsselwörter, von denen Rieux in der nachfolgenden Reflexion über die verbale Auseinandersetzung mit Rambert ausgeht: „abstraction" und „bonheur". Beide Begriffe bilden für Rieux einen Gegensatz. Es gilt, das individuelle und das kollektive Glück zu verwirklichen, und zwar im Kampf gegen Krankheit und Pest, Hunger und Tod, Unterdrückung und Leid. Die Abstraktion ist das sich allmähliche Lösen von der Wirklichkeit beim Übermaß des Unglücks. „Mais quand l'abstraction se met à vous tuer, il faut bien s'occuper de l'abstraction" (vk 16). „Pour lutter contre l'abstraction, il faut un peu lui ressembler" (vk 19). Zur Bekämpfung der Abstraktion bedarf es der Abstumpfung der eigenen Gefühle, des geschlossenen Herzens, des Kampfes gegen das eigene Mitleid. Die Abstraktion, die Rieux täglich durchlebt, das sind die Tränen der Mütter, die Überredungskunst des Arztes, die ins Unermeßliche steigenden Krankheitsfälle, die

Monotonie der Arbeit, das nicht absehbare Ende. In dieser Hinsicht vollzieht sich in Rieux eine notwendige, aber schwierige Wandlung zur Gleichgültigkeit hin, die ihm seine Aufgabe erleichtert.

3.4 Die erste Predigt des Paters

Unserer Interpretation[30] stellen wir folgende Gliederung voran:

I 1) Stellenwert der Predigt im Roman; ihr Anlaß
  2) Pater Paneloux
  3) Thema der Predigt
  4) Struktur der Predigt
  5) Rieux' Beurteilung der Predigt
  6) Rieux' Beschreibung des Predigers und seiner Zuhörer
  7) Die Einwohner Orans und die Wirkung der Predigt auf die Zuhörer

II 1) Rhetorische Elemente der Predigt
  2) Wirkungsintention des Predigers und Überzeugung der Zuhörer
  3) Die Umkehrung von Schuld und Sühne und die Rechtfertigung der Bestrafung durch Gott
  4) Der Jansenismus
  5) Paneloux' Jansenismus
  6) Camus' Augustinus-Interpretation
  7) Camus' Einstellung zum Christentum; Optimismus und Pessimismus

Rieux weiß, daß das Glücksverlangen eines jeden Menschen – und nicht nur Ramberts – und die „abstractions de la peste" absolute Gegenpole, ja feindliche Prinzipien sind. Wenn die „Abstraktion" zu töten beginnt, muß man sich mit ihr auseinandersetzen; um sie zu bekämpfen, muß man ihr ein wenig ähnlich werden. Vielleicht kann Rambert dies nicht verstehen. Rieux hingegen akzeptiert seine Diesseitsbejahung, seinen Lebens- und seinen Freiheitswillen. Nicht akzeptieren kann er jemanden, der mit dem Anspruch auftritt, die Wahrheit zu verkünden, wie dies in der Predigt des Jesuitenpaters Paneloux der Fall ist.

Der Aufruf der kirchlichen Autoritäten zur Gebetswoche wird von Rieux – nicht ohne Ironie – verstanden als ein dieser Institution gemäßes Mittel, gegen die Pest zu kämpfen. Höhepunkt und Abschluß dieser Woche der „prières collectives" und der „piété publique" ist die Predigt des Paters Paneloux, auf die er sich zwei Wochen lang vorbereitet hat und von der man schon lange vorher in der Stadt spricht. Rieux muß zugeben, daß diese Predigt ein wichtiges Datum in der langen Leidensgeschichte der Stadt darstellt, jedoch ohne daß er darauf verzichtet, diese möglicherweise objektive Tatsache durch sein subjektives „à sa manière" einzuschränken.

Der Jesuitenpater Paneloux ist in Oran eine anerkannte Autorität, und zwar sowohl durch seine Referate über den modernen Individualismus und durch seine Verteidigung eines militanten Christentums als auch durch seine wissenschaftlichen Arbeiten, die teils enger, teils weiter mit seiner eigentlichen Aufgabe verbunden sind. Seine Studien über Augustinus und die afrikanische Kirche haben ihm in seinem Orden eine Sonderstellung verschafft, auf die unten noch einzugehen sein wird. Sein Ruf gründet in der Tatsache, daß er nicht mit den „harten Wahrheiten" zurückhält und als Christ eine mittlere Position zwischen dem „libertinage moderne" und dem „obscurantisme des siècles passés" einnimmt. Die negative Lichtmetaphorik ist eine Anspielung auf das „finstere Mittelalter" und zugleich – wenn auch indirekt – eine positive Bewertung des „siècle des lumières", des Jahrhunderts der Aufklärung; dies jedoch in einem bescheidenen Rahmen, da es gleichzeitig die Blütezeit der – bisher religiösen, nun moralischen – Freigeister war, die der Pater ebenso scharf ablehnt. Paneloux bewegt sich damit also auf dem schmalen Grat des Glaubens, der weder naiv-mittelalterliche Ignoranz meint noch die wissenschaftliche Selbstüberschätzung der Aufklärung mitmacht.

Das Porträt des Paters wäre ohne die Beschreibung seines Äußeren unvollständig. Paneloux ist mittelgroß und untersetzt; mit seinen starken Händen und rötlichen Wangen wirkt er energisch, was durch seine ungestüme und leidenschaftliche Natur, durch seine laute und hämmernde Stimme und seine stählerne Brille noch optisch, akustisch und im affektiven Bereich unterstrichen wird. Entschlußfreudig übernimmt er die Aufgaben, die man ihm überträgt, und leidenschaftlich und angriffslustig ist seine Sprache, wenn er im Dienste des Christentums steht.

„Mes frères, vous êtes dans le malheur, mes frères, vous l'avez mérité." Dieser schlagartige Auftakt stellt – so Rieux – zugleich das bisher nicht bekannte Thema der ganzen Predigt dar: Schuld und Sühne der Bewohner von Oran. Insofern hat die Predigt Paneloux' keine komplizierte Struktur: Zuerst zitiert, kommentiert und generalisiert er die Textstelle aus dem alttestamentarischen Buch Exodus, die sich auf die Pest in Ägypten bezieht; dann zeichnet er einige historische, biblische, legendäre und gegenwärtige Bilder der Pest; anschließend erklärt er das Verschulden der Menschen durch ihre religiöse Indifferenz und zeigt endlich die göttlichen Heilswege auf, die aus diesem Elend herausführen.

Der größte Teil der Predigt wird – wenn auch von Zwischenkommentaren unterbrochen – von Rieux in direkter Rede wiedergegeben, nur an drei Stellen faßt er verschiedene Teile zusammen: Zuerst handelt es sich um den als bekannt unterstellten Exodus-Passus, beim zweiten Mal um weitschweifige Wiederholungen und bildliche Vorstellungen der personifizierten Pestgeißel, beim dritten Mal um den Schlußteil der Predigt, in dem Paneloux die wesentlichen Gedanken zusammenfaßt und die Gläubigen in der göttlichen Hilfe und der christlichen Hoffnung bestärkt.

Während der ganzen Predigt zeigt Rieux nicht das mindeste Zeichen der persönlichen Ergriffenheit, sondern nur seine ihm eigene distanzierte, hier atheistische Grundhaltung. Für ihn trägt Paneloux nicht im mindesten zum Verständnis und zur Bekämpfung der Pest bei: Anstelle sozialer und medizinischer Erklärungen kennt der Pater nur einen zeitweise gestörten Heilsplan eines sonst unergründlichen Gottes, anstelle der mitmenschlichen Solidarität und Hilfe setzt er fatalistisches Gottvertrauen und Gebet. Er rechtfertigt, wo Rieux argumentiert; er monologisiert, wo Rieux diskutiert; er schreit, wo Rieux leise räsonniert; er überredet, wo Rieux überzeugt. Rieux unterbricht immer wieder die direkte Wiedergabe der Predigt, um sie nicht inhaltlich-moralisch, sondern formal-ästhetisch zu bewerten, nämlich in ihrer rhetorischen Anlage und Wirkung. Er beurteilt die Folgerichtigkeit der Teile, den pathetischen Anfangsteil, das rednerische

Geschick Paneloux', seine pathetische Bildersprache, seine Evokationsfähigkeit, seine Subtilität. In ihrer – wenn auch anders gearteten – Distanz zu den Einwohnern der Stadt Oran kommen sich Rieux und Paneloux hier nahe.
Rieux' Distanz kommt auch in seiner Fähigkeit zum Ausdruck, alles zu registrieren, was während der Predigt ringsherum geschieht: seien es Mimik, Gestik und wechselnde Stimmlage des Redners, sei es das Verhalten der Gläubigen oder der Umschwung des Wetters vom regenverhangenen Dunkel des Himmels am Anfang bis zum Gemisch aus Sonne und Wasser, das den Vorplatz der Kathedrale nach Beendigung der Predigt in ein neues Licht taucht.
Nun ist Rieux nicht der einzige Zuhörer bei der Predigt des Paters; die Kirche ist bis auf den letzten Platz gefüllt. Nicht, weil die Einwohner von Oran besonders gläubig sind. Sie haben für den Kirchenbesuch profanere Gründe: Zum einen können sie, da die Stadttore geschlossen sind, ihr sonntägliches Bad nicht mehr nehmen; zum andern merken sie, daß etwas anders geworden ist, so daß sie im Zustand der „attente" verharren. Das drückt sich in einem Verhalten aus, das Rieux „objectivité" nennt und das im ganzen seiner persönlichen Einstellung der Pest gegenüber sehr nahe kommt: gleich weit entfernt von Leidenschaft und Indifferenz.
Auf diese Versammlung von Gläubigen und Neugierigen macht die Predigt des Paters schon nach dem ersten Satz einen tiefen Eindruck. Im absoluten Schweigen der besetzten Kathedrale ist nur der zögernde Kniefall der Menge zu vernehmen, wodurch der Abstand zwischen den demütig Zuhörenden und dem Redner auf der Kanzel nur noch vergrößert wird, der sich aufrichtet und tief atmet, der bald leiser, bald lauter spricht, der sich in sein Pathos hineinsteigert und der – wenn die gedämpfte Unruhe der Herausströmenden nicht wäre – vergessen machen könnte, daß er zu einer Vielzahl von Menschen spricht.
Entscheidend ist aber nicht der momentane Eindruck, sondern die langfristige Wirkung der geistlichen Worte. Und in dieser Hinsicht meldet Rieux in den ersten drei Abschnitten des folgenden Kapitels erhebliche Bedenken an. Er unterstellt sogar, daß die Menschen in ihrem latenten Gefühl, für ein unbekanntes Verbrechen zur Gefangenschaft verurteilt worden zu sein, bestärkt werden, so daß ein Teil von ihnen sich nach Fluchtmöglichkeiten umzusehen beginne. Seit dem

Tag der Predigt bemerkt Rieux in Oran ein verstärktes Gefühl der Angst und eine veränderte Atmosphäre. Ob dies eine direkte Folge der Predigt oder ein zufälliges zeitliches Zusammentreffen mit ihr ist, vermag er angeblich nicht zu sagen. Sicher ist in beiden Fällen nur, daß die Predigt des Paters im psychischen Bereich nicht viel Positives bewirkt hat, sieht man einmal von der Änderung der Bewußtseinslage im Sinne der Herstellung einer Identität mit der Wirklichkeit ab. Frustrationen, Angst, Flucht und Verzweiflungstaten als wirkliche oder mögliche Folgen der Predigt sind für Rieux eindeutig negativ.
Im folgenden soll die Predigt Paneloux' in Ansätzen einer formen-, geistes- und religionsgeschichtlichen Interpretation und Einordnung unterzogen werden.
Wir haben oben die primär ästhetische Beurteilung der Predigt durch Rieux, seine Beschreibung des Redenden und der Zuhörerschaft und die Wirkungsintention der Predigt herausgestellt. Als Kenner der heidnischen, d. h. antiken und der christlichen, d. h. jesuitischen Kunst der Rede zieht der Pater alle ihm zur Verfügung stehenden rhetorischen Register, um die „intellektuelle und affektische Realisierung der persuasio“[31] bei seinem Auditorium herzustellen.
Das oben zitierte „exordium“ (L. § 43,1), das zugleich das Thema der Predigt darstellt (L. § 29; C.: „le thème“), gehört der heftigen Gattung („vehemens“, L. § 468,2; C.: „un prêche véhément“, „une phrase véhémente“) an; seine „hämmernde Wirkung“ (L.; C.: „martelée“), sein Verfremdungseffekt (L. § 84 ff.) bleiben nicht aus. Der Leitfaden der Predigt, nämlich die Darstellung der Pest in Geschichte und Gegenwart und ihre Begründung als Strafe Gottes, wird durch Beispiele (L. § 404 ff.), Bilder und Metaphern (L. § 228 ff.) ausgeschmückt („ornatus“, L. § 162 ff.). Die Beispiele sind alt- und neutestamentarisch (L. § 423), legendär oder historisch; das dominierende Bild ist das des Dreschflegels („fléau“), der „dans l'immense grange de l'univers“ das menschliche Korn schlägt „jusqu'à ce que la paille soit séparée du grain. (. .) Et battus sur l'aire sanglante de la douleur, vous serez rejetés avec la paille.“ Daneben taucht wiederholt das Bild des bösen Engels auf, der mit einem Jagdspieß gegen die Häuser klopft; die Anzahl der Schläge symbolisiert die Anzahl der von der Pest Befallenen und Toten. Die Verbindung beider Bilder wird von Rieux wie aus

Überdruß nur noch indirekt wiedergegeben; er begnügt sich damit, den inifinitivischen Anschluß im letzten Teil dieser langen Periode (L. § 452) als Pointe zu zitieren, als Gipfel, auf der sich der Redner zuerst einmal ausruhen darf.
Die Predigt, der das Affektschema „Furcht und Hoffnung" (L. § 70) strukturell zugrunde liegt, kennt darüber hinaus eine Fülle einzelner rhetorischer Elemente, von der hier nur ein Teil aufgezählt werden kann: Neben Imperativen („Méditez cela . . . "; „Voyez-le"), Apostrophen (L. § 422 ff.), Alliterationen (L. § 458), Ausrufen („exclamatio", L. § 446), Aufzählungen („enumeratio", L. § 298 ff.), Wiederholungen (L. § 241 ff.), Häufungen (L. § 368 ff.), Übertreibungen (L. § 71), Steigerungen (L. § 256 ff.) und Personifikationen (L. § 425) – besonders der Pest („la peste entre chez vous, s'assied dans votre chambre et attend votre retour.") – dominieren Vergleich, Antithese (L. § 386 ff.), Parallelismus (L. § 337 ff.), Chiasmus (L. § 392) und Hervorhebungen durch „c'est . . . que" bzw. durch absolute Konstruktionen wie in „cette main . . . , nulle puissance terrestre . . . ne peut faire que vous **l**'évitiez"; „et le chemin du salut, c'est un épieu rouge qui vous **le** montre"; „elle éclaire, cette lueur, . . . ".
Beispiele für den „comme"-Vergleich: „beau comme Lucifer et brillant comme le mal"; „comme l'ont su Caïn et ses fils".
Beispiele für antithetische, parallele und wiederholende Doppelungen:
„les justes – les méchants"; „la paille – le grain"; „appelés – élus"; „trop longtemps – trop longtemps"; „bon ange – mauvais ange"; „autant – autant"; „la main droite – la main gauche"; „à l'instant – à l'instant"; „le bien – le mal"; „la colère – la pitié"; „la peste – le salut"; „le silence essentiel – le principe de toute vie"; „le chemin du salut – le cheminement de mort"; „des paroles qui châtient – un verbe qui apaise"; ,l'origine divine de la peste – le caractère punitif de ce fléau"; „sans secours – sans espérance"; „le secours divin – l'espérance chrétienne"; „meurtrir – élever".
Paneloux' Rhetorik und dieses einfache, aber eingehende Strukturschema von gut und böse, Glück und Unglück, Beispiel und Lehre, Schuld und Sühne, „vanitas" und „veritas", Zeitlichkeit und Endlichkeit, Hochmut und Demut führt uns erneut zur Frage nach der „voluntas" oder Wirkungsintention Paneloux' und der „persuasio" oder Überzeugung (L.

§ 65 ff.) des Auditoriums, sodann zur Frage nach dem Welt- und Menschenbild des Predigers.
Was das erste Problem anbetrifft, so kann man sicher sagen, daß Paneloux die „Herstellung einer affektischen Zustimmung“ (L. S. 34) gelungen ist, nicht aber die „einer intellektuellen Überzeugung“ (ebd.). Kurzfristig, d. h. im Verlauf der Predigt, interessiert Rieux nur die erste Komponente der „persuasio“, langfristig nur die zweite. Was ihn persönlich angeht, so kann man sagen, daß er dem Pater weder zustimmt noch daß er von ihm überzeugt worden ist. Da die Bilder der Pest und des Unheils und der Nachweis des göttlichen Strafgerichts dominieren, ist der hoffende („espoir“ und „espérance“), beruhigende („apaiser“) und tröstende („consolation“) Nachtrag („On sentait que Paneloux avait fini ... Le Père reprit cependant la parole ... “) keiner Korrektur an der allgemeinen pessimistischen Grundstimmung mehr fähig. Rieux‘ einzige Konsequenz aus der Pest ist weder christliche Jenseitshoffnung und Gebet noch irdische Flucht oder Verzweiflungstat, sondern praktische Hilfe als Auflehnung gegen das Unheil.
Paneloux‘ Methode ist klar ersichtlich. Jedoch: Die Rückführung vom tatsächlichen Unglück und von der angeblichen Verurteilung zur Gefangenschaft auf ein unbekanntes Verbrechen und auf eine Sünde gegen Gott ist eine zweifelhafte Perspektive, die bereits im ersten Satz der Predigt angelegt ist und die sich die Bürger von Oran unbewußt zu eigen machen: „l‘idée ... qu‘ils étaient condamnés, pour un crime inconnu, à un emprisonnement inimaginable.“ Es ist eine zweifelhafte, unmenschliche Pädagogik, einen Bestraften aufzufordern, über Inhalt und Ausmaß einer vermeintlichen Schuld nachzudenken. Diese Interpretation der Pest durch Paneloux stellt den verzweifelten Versuch dar, die unbestreitbare Tatsache, daß das Böse in der Welt ist, durch weitausholende Exemplifizierung und Metaphorisierung anhand des singulären Faktums „Pest in Oran“ als Element des göttlichen Heilsplans, als notwendiges Moment im Rahmen der heilsgeschichtlichen Weltdeutung zu rechtfertigen.[32]
Drei Momente bestimmen das Gottes-, Menschen- und Weltbild des Jesuitenpaters Paneloux: der „deus absconditus“, der „gerechte Sünder“ und die „tragische Weltsicht“ (Goldmann). Insofern ist Paneloux sehr stark augustinisch-janse-

nistisch orientiert, was aus seinen Augustinus-Studien erhellt und was ihm in seinem Orden eine Sonderstellung eingebracht hat. – Die für die Jansenisten des 17. Jahrhunderts und für Augustinus relevanten theologischen Probleme sind die Erbsünde, die göttliche Gnade, die menschliche Willensfreiheit und die Prädestination.

„Cornelius Jansen (oder Jansenius), Bischof von Ypern (1585–1638), hatte in dem 1640 veröffentlichten Buche **Augustinus** die Lehre vertreten, daß der Mensch nach dem Sündenfall nicht mehr imstande sei, sich aus eigenem Willen dem Guten zuzuwenden, sondern daß dies nur mit Hilfe der unfehlbar wirkenden Gnade **(grâce efficace)** geschehen könne. Diese Gnade gäbe Gott aber nur denen, die er dazu auserliest. Die Gnadenwahl beruhe also ausschließlich auf dem unerforschlichen Ratschluß Gottes, der Mensch stehe ihr mit seinem Willen machtlos gegenüber. Die Lehre ... fand eine besondere Pflegestätte in dem Kloster Port-Royal. (. . .).

Was das in Port-Royal vertretene Christentum anbelangt, so erhielt es seine besondere Prägung nicht allein durch die fast puritanisch zu nennende Form, sondern durch die Unruhe, in welche es die menschliche Seele versetzt, durch den beständigen Zweifel, ob sie der **grâce efficace** teilhaftig sei. Dieses Christentum kannte kein tatsächliches Verdienst des einzelnen, kein Gesichertsein auf Grund irgendwelcher Werke, sondern nur den beständigen Kampf zwischen Gut und Böse, nur die eine Entscheidung zwischen Seligkeit und Verdammnis. Diese Lehre war im tiefsten aufrüttelnd und in hohem Grade dramatisch."[33]

Während sich der im Zuge der Gegenreformation entstandene Jesuitenorder mit der Welt auszusöhnen versuchte, politisch aktiv wurde, die Künste und Wissenschaften eroberte und eine sehr kompromißbereite Beichtmoral vertrat – Molières „Tartuffe"[34] greift an einer bekannt gewordenen Stelle die Kasuistik der Jesuiten an –, forderten die Jansenisten ein Leben in absoluter Einsamkeit, gaben das innerweltliche Handeln auf, verbrachten ein asketisches Büßerleben in Meditation und Kontemplation, hatten eine pessimistische Grundeinstellung zur Welt und vertraten eine rigoristische, puristische Moral.

In der Gnadenfrage lehnten sie den Begriff der „grâce habituelle", der endgültigen Dauergnade, praktisch ab. „Die einzige Gnade, von der im Jansenismus gesprochen wird, ist die **grâce actuelle,** die augenblickliche Gnade, die Gott den Menschen für die jeweils zu vollziehende Handlung gibt und die er im nächsten Augenblick erneuern oder auch versagen kann. Der Begriff des **gerechten Sünders,** der, wie es – unserer Meinung nach mit Recht – die Kirche behauptet hat, im Zentrum des jansenistischen Weltbildes steht (wenn auch die Jansenisten ihn stets verleugnet haben), ist nicht derjenige des Menschen, der – teilhaftig der Gnade Gottes und im allgemeinen gerecht – in einzelnen, schwachen Augenblicken der Sünde verfällt. Vielmehr ist der Begriff des Menschen, der – selbst in dem Augenblick, in dem er allen seinen Kräften und Wünschen nach ausschließlich für Gott leben will – sündhaft ist, weil er handelt und immer, da Gottes Wille gänzlich unbekannt und in der Welt nicht zu verwirklichen ist, mit Gott in Widerspruch sein kann, ohne von der Möglichkeit auf die Wirklichkeit oder Unwirklichkeit dieses Widerspruches schließen zu können."[35] „Das schwierigste Problem der Gnadenlehre stellt die Frage nach dem Grund der göttlichen Erwählung **(Prädestination)** und nach dem Zusammenwirken von Gnade und Freiheit dar. (. . .) Fest steht nur, daß einerseits die Verdammung eines Menschen auf dessen eigene Schuld zurückgeht, nicht auf Gottes Vorherbestimmung, daß umgekehrt die ewige Seligkeit zwar des Menschen Mitwirken einschließt, aber primär auf Gottes Gnade gründet, ohne die es solches Mit-Wirken überhaupt nicht geben könnte."[36] Dies ist die aktuelle Gnaden-Interpretation der katholischen Kirche.

Paneloux' jansenistische Augustinusdeutung läßt sich an vielen Stellen seiner Predigt nachweisen: Er entwirft ein pessimistisches Welt- und Menschenbild; er stellt den schwachen, gefallenen Christen, der Gottes unaufhörlichem Anspruch nicht gerecht wird („Il voulait vous voir plus longtemps."), in den Mittelpunkt; er betont die von Gott geschaffene, unwandelbare Ordnung der Welt („l'ordre immuable", „les desseins éternels"), in deren Gefüge der Handlungsspielraum des Menschen nur begrenzt ist; er stellt das Tun und Treiben der Menschen als eitel und nichtig dar („la vaine science humaine"); er verurteilt ihr Paktieren mit dem Bösen („ce monde a composé avec le mal") als Abweichen vom Reinheits- und Absolutheitsanspruch Gottes; wie der jansenistisch beeinflußte Bossuet[37] zeigt er in der Dunkel-

heit den Weg des Lichts auf; wie für Bossuet und für den vom jansenistischen Pessimismus beeinflußten La Rochefoucauld[38] sind für ihn der „orgueil“ („superbia“) und das „aveuglement“[39] die schwersten Sünden der Menschen: Die Geißel Gottes schlägt alle Feinde („les ennemis de Dieu“); und „le fléau de Dieu met à ses pieds les orgueilleux et les aveugles.“ Die Hochmütigen, das sind die aufgeklärten Freigeister, die sich mit der Vernunft über den Glauben hinwegsetzen wollen; ihr Mangel an Demut läßt sie zu gottgleicher Größe aufsteigen. Die Blinden sind sowohl die Unwissenden und Kleinmütigen als auch diejenigen, die sich von menschlichen Taten blenden lassen; so erkennen sie Gott und die Wahrheit nicht mehr. Hochmütig sind die Christen Abessiniens gewesen, die Gott vorgreifen und in seinen unerforschlichen Heilsplan eingreifen wollten. Blind ist der Chronist Marais, der über die Wahrheit der höllengleichen Tatsachen vergaß, an Gottes Hilfe zu denken und auf Gott seine Hoffnung zu bauen.
Dieselbe „miséricorde divine“, auf die sich die Menschen in ihrer Bequemlichkeit ausgeruht hatten, wird vom Pater nun zitiert, damit sie die Menschen auf den Weg des Heils führen soll. Dieselbe religiöse Lauheit („Mais Dieu n'est pas tiède.“), dasselbe „laisser aller“ wie früher („la miséricorde divine ferait le reste“) erscheint als fatalistischer Ausblick am Ende der Predigt wieder: „Dieu ferait le reste.“ Spätestens hier zeigt sich, wie der Jesuit Paneloux, ein Mann der Tat, mit seiner jansenistischen Grundüberzeugung vom unabänderlichen Plan Gottes und von der eingeschränkter Willensfreiheit des Menschen in Konflikt gerät. Da, wo er im Gedanklichen auf der Stelle tritt, wirkt sein Pathos hohl. Die erlösende Befreiung („délivrance“), die er verheißt, läßt lange auf sich warten; er wird sie nicht mehr erleben. Aber nicht nur aus diesem Grunde ist – nach Camus – die „délivrance“ am Schluß des Romans weder sein noch Gottes Verdienst.
Der Prediger Paneloux und der Erzähler Rieux sind nur Figuren in der Hand ihres Autors. Welche Verbindung, so ist abschließend zu fragen, welche Beziehung gibt es zwischen der jansenistisch-augustinischen Theologie und Albert Camus?
Camus hat sich in seiner philosophischen Diplomarbeit „Métaphysique chrétienne et néoplatonisme“, in der die

später „absurd“ genannte Dualität des Menschen — auch Camus‘ eigene — zum Ausdruck kommt, eines Menschen, der immer zwischen der Schönheit des Universums und der tragischen Angst, zwischen Freude und Trauer, Leben und Tod schwankt, im vierten und letzten Teil ausführlich mit Augustinus beschäftigt. Von besonderer Bedeutung ist der Abschnitt über „Le Mal, la Grâce et la Liberté“[40]: Das Böse, die Gnade und die Freiheit sind nach Camus die augustinischen Grundthemen des Christentums. Wie konnte uns Gott — so lautet die entscheidende Frage — mit einem freien Willen ausstatten, d. h. mit dem Willen, der fähig ist, das Böse zu tun? Die Antwort lautet: Wir sind so verdorben, daß der gute Gebrauch des freien Willens nur von Gott kommen kann. Auf sich alleine gestellt würde der Mensch nur zu Übeltaten, Lüge und Sünde fähig sein. Gott erhebt den Menschen, wenn er es verdient. So haben unsere Tugenden nur Sinn und Wert durch eine ganz bestimmte göttliche Hilfe, die Gnade heißt. Die Gnade Gottes ist eine großzügige Gabe, die er freiwillig vergibt. Diejenigen, die glauben, sie durch gute Werke erwerben zu sollen, sind im Irrtum. Wenn man die Gnade verdienen könnte, wäre sie keine freiwillige Gabe Gottes mehr. An Gott glauben heißt schon, seine Gnade erfahren. Der Glaube ist der Anfang der Gnade. Wenn wir einerseits von Gottes Gnade abhängen, so ist die Verdammung grundsätzlich allgemeiner Art. Das ganze Menschengeschlecht ist für die Flammen bestimmt. Seine einzige Hoffnung ist Gottes Erbarmen. Von daher sind auch die toten, ungetauften Kinder verdammt. Unser ganzes Schicksal wird von der Vorhersehung bestimmt. Die Zahl der Vorherbestimmten und die der Verdammten ist ein für allemal festgesetzt und unveränderlich. Die Härte der Strafen, die wir erhalten, ist abhängig von Verdienst und Verschulden. Was wir nicht wissen können, ist das Warum. Unser Freiheitsspielraum geht nur von der Ablehnung bis zum Erwerb der Gnade; unsere Spontanität bewegt sich im Rahmen der Allmacht Gottes.
Ging es hier um eine spezielle historische Erscheinungsform innerhalb des Christentums, so hat sich Camus später mit dessen politischer Einstellung während der Kriegs- und Nachkriegszeit auseinandergesetzt. In seinem 1948 — also unmittelbar nach Erscheinen der „Pest“ — vor Dominikanern gehaltenen Referat „L‘incroyant et les chrétiens“ führt er

aus, daß er genau wie die Christen Abscheu vor dem Bösen empfindet, aber anders als sie sich mit der bloßen Hoffnung auf Besserung nicht zufrieden geben kann. Er verlangt von den Christen und insbesonders vom Papst eine eindeutige und scharfe Verurteilung des politisch und sozial – nicht metaphysisch – zu verantwortenden Bösen in der Welt: Haß, Terror, Gewalt, Diktatur. Er fährt fort – und diese (Heraus-)Forderung an die Christen soll wegen des Zusammenhangs mit dem Vorwurf Ramberts („Vous êtes dans l'abstraction") wörtlich zitiert werden: „C'est qu'ils (d. i.: les chrétiens) sortent de l'abstraction et qu'ils se mettent en face de la figure ensanglantée qu'a prise l'histoire d'aujourd'hui."[41] Den Vorwurf der Christen und auch der Marxisten, er, Camus, vertrete eine pessimistische Haltung, weist er scharf zurück: „Ce n'est pas moi qui ai inventé la misère de la créature, ni les terribles formules de la malédiction divine. Ce n'est pas moi qui ai crié ce **Nemo bonus,** ni la damnation des enfants sans baptême. Ce n'est pas moi qui ai dit que l'homme était incapable de se sauver tout seul et que du fond de son abaissement il n'avait d'espérance que dans la grâce de Dieu. Quant au fameux optimisme marxiste! Personne n'a poussé plus loin la méfiance à l'égard de l'homme et finalement les fatalités économiques de cet univers apparaissent plus terribles que les caprices divins. – Les chrétiens et les communistes me diront que leur optimisme est à plus longue portée, qu'il est supérieur à tout le reste et que Dieu ou l'histoire, selon les cas, sont les aboutissants satisfaisants de leur dialectique. J'ai le même raisonnement à faire. Si le christianisme est pessimiste quant à l'homme, il est optimiste quant à la destinée humaine. Eh bien! je dirai que pessimiste quant à la destinée humaine, je suis optimiste quant à l'homme."[42] Diese Dualität von Optimismus und Pessimismus ist unmittelbar übertragbar auf den Gegensatz von Rieux und Paneloux und führt uns zur „Pest' zurück.

3.5 Grand zwischen Traum und Wirklichkeit

Die Einleitung zum vierten Kapitel des zweiten Teils greift noch einmal die Predigt des Paters auf und fragt nach ihrer Wirkung auf die Bewohner von Oran. An dieser Stelle zeigt

sich ganz deutlich, daß der sich eingangs so objektiv gebende Berichterstatter mit einer der beteiligten Hauptpersonen identisch sein muß, die der Predigt eher eine negative Funktion einräumen; und wir wissen und werden es in der Auseinandersetzung mit Paneloux noch sehr deutlich sehen, wer dies ist: Dr. Rieux. Wichtig ist für ihn, daß die Bevölkerung immer mehr – nun verstärkt durch die Predigt Paneloux' – den Eindruck gewinnt, wegen eines unbekannten Verbrechens zu einer unvorstellbaren Gefangenschaft verurteilt zu sein. Dabei verlagert sich der Aspekt des Eingeschlossenseins, so wichtig er ist („emprisonnement", „claustration", „prison", „réclusion", „séquestration", vk 25 f.), zu einem christlich gefärbten Schuldkomplex, der die Angst verstärkt und zu Verzweiflungstaten treibt. Verstärkt wird der Eindruck, daß sich die Atmosphäre in der Stadt verändert hat, durch eine an Baudelaire erinnernde Metaphorik („le couvercle du ciel"), die sich auf das Wetter und besonders auf das Pfeifen des Windes und das Wüten der Pest bezieht. Während dieses ganzen Kapitels, im Gespräch mit Grand, ist Rieux dauernd mit seinen Gedanken und seinen Sinnen bei der Pest und den dumpfen Geräuschen dieser Geißel, so daß eine Spannung entsteht zwischen der Welt Grands und seiner eigenen. Am Ende dieses Kapitels greift er, als ob er seine These von der negativen Wirkung der priesterlichen Predigt durch konkrete Beispiele belegen wolle, den Gedanken des Eingeschlossenseins, der Verzweiflungstaten und der Fluchtversuche auf und erwähnt wie beiläufig das Vorübereilen von Männern, die versucht haben, die Wachen zu täuschen, um aus der Stadt zu fliehen.
Grand, der bescheidene Rathausangestellte, hat Gelegenheit, dem Arzt, zu dem er Vertrauen hat, seine Welt vorzustellen, in der er nach Feierabend lebt. Er will ein vollkommenes Buch schreiben und berichtet Rieux über die Schwierigkeiten dieses Unterfangens. Welche Bedeutung haben dieses Buch und die Arbeit an ihm für Grand? Sicherlich primär eine soziopsychologische: d. h. das Schreiben und geplante Veröffentlichen sollen Grand über sein bisheriges Scheitern im Leben hinwegtrösten. Das Schreiben des Buches hat also eine Komplementärfunktion im Verhältnis zu den beiden Bereichen, in denen Grand bisher versagt hat: in Liebe und Beruf. Der dritte große Bereich, das Moment der Freizeit, muß also als Ausgleich dienen, um diesem Men-

schen die versagte Anerkennung durch die Gesellschaft einzubringen. Daher erklärt sich sein fast fanatisches Streben nach Perfektion, seine potentiell selbstzerstörerische – weil er doch ein Mensch ist, der nach Worten sucht, der sich nicht ausdrücken kann – Arbeit in einem ihm von Haus aus fremden Metier. Er leidet förmlich darunter – physisch und psychisch –, was er dem Arzt gegenüber unumwunden zugibt („peine“, „douleur“, „mal“, vk 28). Abend für Abend sitzt er da, feilt an seinem dutzendfach veränderten ersten (!) Satz eines geplanten Romans und reflektiert über die geeigneten Konjunktionen. Grands Ausführungen geben Camus nebenbei Gelegenheit, über die Arbeit des Schriftstellers zu berichten, was nicht eine Identifikation des Autors mit seiner Romanfigur unterstellen soll. Grand zögert zuerst, seinem Zuhörer, der nicht unbedingt Interesse für Literatur, sondern eher an Grand zeigt (was diesem wohl nicht aufgeht), Einblick in das Produkt seiner bisherigen Arbeit zu gewähren. Schließlich liest er ihm den berühmten ersten Satz seines Romans vor: „Par une belle matinée du mois de mai, une élégante amazone parcourait, sur une superbe jument alezane, les allées fleuries du Bois de Boulogne.“ Um dem Leser den von Grand erstrebten Rhythmus dieses Satzes, der die Gangart eines Spazierrittes annehmen soll („L'allure même de cette promenade au trot, une – deux – trois, une – deux – trois“, vk 29), deutlich zu machen, ist das folgende Schema erstellt worden, in dem die Schrägstriche jeweils eine betonte Silbe bezeichnen (Die Problematik des stummen „e“ in der französischen Verslehre sei ausgeklammert.):

— — / — — / — — — /
— — — / — — / — — /
— — — / — / — — /
— — / — / — / — — / —

Grands naive Vorstellung von Perfektion besteht in einer simplen Identität von Form (hier: Rhythmus; Anzahl der Silben; Länge und Korrespondenz der Satzteile) und Inhalt (Ritt einer eleganten Amazone an einem Frühlingsmorgen durch den snobistischen Bois de Boulogne im Südwesten von Paris). Seine ästhetischen Vorstellungen erreichen das Niveau von Banalitäten und Klischees aus Trivialromanen,

was ihm selbst nicht ganz zu entgehen scheint („cliché", vk 29). Hier wird eine weitere Bedeutung der „literarischen" Arbeit für Grand sichtbar: Seine Flucht in die Literatur stellt eine Flucht aus der verpesteten Wirklichkeit dar. Er baut sich eine Gegenwelt des Schönen und Guten ganz im platonisch-traditionellen Sinne auf, um gegen die Häßlichkeit und Schlechtigkeit der Welt, der Pest, zu demonstrieren. Seine wahre Welt jedoch ist die des Scheins. Seine Ästhetik ist meilenweit von der Camus' entfernt, die vom In-der-Welt-Sein des Schriftstellers, vom „être embarqué" Zeugnis ablegt. Grands Weltflucht zeigt sich in Vokabeln wie „illusion" und „imagination", die er der „réalité" anpassen will, als ob literarischer Realismus bloße Widerspiegelung von Wirklichkeit sei. Grands Suche nach dem Absoluten ist falsche Idealität. Rieux bleibt leicht abwartend in der ironischen Reserve; er will Grand weder verletzen noch enttäuschen. Aber er setzt als Erzähler doch Zeichen, wenn er unmittelbar nach der Lektüre des ersten Satzes nicht von Grand und auch nicht von sich selbst spricht, sondern von der leidenden Stadt im Hintergrund. Einen schärferen Kontrast zwischen Traum und Wirklichkeit, dezent formuliert, kann man sich nicht denken.
Auf die Frage nach dem adäquaten oder typischen Verhalten von Menschen in einer Extremsituation, „au pied du mur", haben wir bisher vier Teilantworten erhalten. Rieux analysiert und handelt als Arzt und Moralist; er erfüllt seine Pflicht, die Forderung des Tages. Er handelt spontan solidarisch. Als Gegenposition hat Camus Rambert und Paneloux eingeführt. Der eine analysiert ausschließlich seine persönliche Situation und handelt entsprechend unsolidarisch; der andere analysiert aufgrund eines vorgegebenen theologisch-ideologischen Konzeptes und verfällt in die Solidarität von Unterwerfung, Meditation und Gebet. Rambert versucht, der Solidarität physisch zu entfliehen; Paneloux bemüht sich um eine solidarische Flucht in die Metaphysik. Grand schließlich leidet an einer schizophrenen Situation, die ihm einmal unreflektierte Solidarität abverlangt, ihn zum andern in falsche Idealität fliehen läßt.

3.6 Rieux und Tarrou

Rambert bemüht sich weiterhin, Oran legal zu verlassen. Rieux berichtet darüber im fünften Kapitel des zweiten Teils, im übrigen nicht ohne Verständnis für ihn, denn in einem Punkt gleichen sie sich: „le grand désir d'un coeur inquiet est de posséder interminablement l'être qu'il aime ou de pouvoir plonger cet être, quand le temps de l'absence est venu, dans un sommeil sans rêves qui ne puisse prendre fin qu'au jour de la réunion" (f 113).

Mit der Hitze gegen Ende Juni steigt die Zahl der Pesttoten in Oran, wächst die Angst der Bevölkerung, müssen die Maßnahmen der städtischen Behörde verstärkt werden. Hart trifft die Bevölkerung, daß man vom nahen Meer abgeschnitten ist, in dem man sonst im Sommer ein erfrischendes Bad nehmen konnte. Die freud- und farblose Stadt hatte erneut ein altes Privileg verloren, um das sie vom Hinterland beneidet worden war.

Tarrou hat Rieux um eine Unterredung gebeten. Bevor Rieux eines Abends von diesem aufgesucht wird, zeichnet er uns ein Bild seiner Mutter, das den ersten Teil des fünften Kapitels in der Schulausgabe ausmacht (vk 30,13–31,29). Der zweite Teil ist Rieux selbst und Tarrou gewidmet und gliedert sich wie folgt: Einleitung (vk 31,30–33,8), Höhepunkt (vk 33,9–36,6) und Epilog (vk 36,7–37,28).

Rieux' Verhältnis zu seiner Mutter trägt biographische Züge; dies um so mehr, als nie von seinem Vater die Rede ist (bekanntlich hat Camus seinen Vater sehr früh verloren). Frau Rieux ist ausschließlich für ihren Sohn da und um ihn bemüht und besorgt. Ihr ganzes Denken und Dasein kreist um ihn. Ist er nicht da, so wartet sie auf ihn, oder doch zumindest: sie wartet. Wenn sie z. B. von der Stromsperre und der damit verbundenen unfreiwilligen Dunkelheit spricht, denkt sie nur an die eigene Wohnung ihres Sohnes, in der sie lebt. Das ist kein Egoismus, sondern eine verständliche beschränkte Sicht einer alten Frau mit nachlassendem Interesse für ihre Umwelt und einem weniger intellektuellen als gefühlsmäßigen Bezug zur Pest, die an ihrer Wohnungstür haltmacht. Erwartet sie jemanden oder etwas („Rieux n'était même pas sûr que ce fût lui qu'elle attendit", vk 30)? Wohl kaum! Sie scheint ohne Lebens- und Zukunftserwartung, aber dennoch nicht pessimistisch zu sein. Vielleicht nickt sie zwischendurch ein und träumt vor sich hin. Sie lebt auf, wenn ihr Sohn kommt; sonst hat sie wenig Abwechslung und Beschäftigung. Der Dialog mit ihrem Sohn zeichnet sich durch Wortkargheit aus; an Worten gemessen, haben sie sich wenig zu sagen. Ihr gegenseitiges Verstehen zeigt sich eher in ihren Gefühlen und Gesten. Wo die Sprache der Worte notwendig ist, herrscht eine große Kontextdeterminiertheit vor: „As-tu des nouvelles?" (vk 31), fragt sie ihn; und das will meinen, ob er von seiner Frau irgendwelche Neuigkeiten habe. Ihr Gesichtskreis bewegt sich von ihrem Sohn über ihre Schwiegertochter zu sich selbst. Eine längere Erklärung, die Rieux sich auf ihre Frage, ob der Tag nicht gut verlaufen sei, selbst gibt, spricht er nicht laut aus. Will er seine Mutter nicht beunruhigen, mit ihr nicht von seinem Beruf sprechen, sie nicht mit unangenehmen Dingen belasten? Wir wissen es nicht.

Tarrou erscheint nun zu seiner Verabredung mit Rieux und bietet dem Arzt an, unter seiner – Tarrous – Leitung einen freiwilligen Sanitätsdienst einzurichten. Camus' Skepsis gegenüber staatlichen Institutionen und eine positive Einstellung zu Initiative und Solidarität der Menschen schlägt hier durch. Rieux steht diesem Angebot des Mannes, der sich erst einige Wochen vor Ausbruch der Pest in Oran niedergelassen hatte und von dem niemand weiß, woher er kommt und warum er in Oran ist, spontan positiv gegenüber. Aber Rieux, der klare Antworten haben will, weil er sie selbst gibt, und der selten etwas nur halben Herzens tut, muß sich auf Tarrou verlassen können; eine Laune, die anderntags verflogen sein könnte, ist ihm nichts wert. Andererseits ist die Arbeit des Sanitäters nicht ungefährlich; sie ist „mortel", d. h. sowohl mörderisch-hart als auch am Grenzbereich zum Tod hin. Daher fragt er Tarrou, ob er auch gründlich über seine Absicht nachgedacht habe. Ohne auf diese Frage einzugehen, stellt Tarrou eine Gegenfrage, von der aus sich ein sehr grundsätzlicher und wichtiger Dialog zwischen Rieux und Tarrou entwickelt, den wir in der oben vorgenommenen Einteilung dieses Kapitels als dessen Höhepunkt bezeichnet haben. Es handelt sich um die ethische und die religiös-metaphysische Grundfrage des abendländischen Menschen: Was soll ich tun? Und: Was darf ich hoffen?

Tarrou fragt Rieux unvermittelt, was er von Paneloux' Predigt halte. Rieux weist mit Entschiedenheit die Idee der Kollektivstrafe zurück, die für ihn eine unzulässige Abstraktion und überdies eine moralisierende theologische Kategorie ist. Neben der Abstraktion des Paters verwirft er dessen Wahrheitsanspruch und seine These von den Vorzügen oder positiven Seiten der Pest. Nicht der Tod allgemein, sondern das Sterben eines jeden einzelnen muß ihn, den Arzt, interessieren; und nicht die metaphysische Wahrheit, sondern die konkrete Wirklichkeit. Paneloux sei ein studierter Mann, ein Mann der Wissenschaft, ein Theoretiker, der im Abstrakten operiere. Auch er, Rieux, habe als junger Arzt einmal so angefangen. Aber inzwischen sei er bescheidener geworden, sicher auch realistischer. Erfahrung, Elend, ja das Leben allgemein haben ihn dies alles gelehrt. Nicht die vita contemplativa, sondern die vita activa zählt hier ausschließlich. Und dazu gehört vor allem das konkrete Leiden und Sterben eines jeden einzelnen Pestkranken. Da mangele es Paneloux, im Gegensatz zum einfachsten Dorfpfarrer, an Erfahrung. Es gilt, klare Prioritäten abzustecken: Zuerst helfen und heilen, dann vielleicht abstrahieren (vk 34,6; 34,33); d. h. interpretieren aufgrund einer Weltanschauung, eines Systems, die Frage nach dem Bösen in der Welt stellen, die Frage nach der Schuld, nach dem Sinn des Ganzen, des Daseins: „Je ne sais pas ce qui m'attend ni ce qui viendra après tout ceci. Pour le moment, il y a des malades et il faut les guérir. Ensuite, ils réfléchiront et moi aussi." Dieses „après tout ceci" dürfte so gemeint sein wie bei Grand („Quand tout cela sera fini", vk 30) und sich auf die Pest beziehen; es hat wohl keinen metaphysischen Bezug. Dafür spräche allenfalls die religiöse Thematik dieses Dialogs überhaupt, das wiederholte Zögern Rieux', die oft vorsichtige Formulierung seines Atheismus und die bewußt unpräzise Sprache an dieser Stelle („ceci", „pour le moment", „ensuite", „ce qui m'attend", „ce qui viendra"). Es kann aber mit Sicherheit gesagt werden, daß Rieux seine Erfahrung höher wertet als irgendwelche Theorien und Thesen; das Empirische geht dem Apriorischen voran, das Induktive (d. h.: von einer Sache ausgehen und dann — vielleicht — zu einem Weltbild, zu einer Gesamtschau vordringen) dem Deduktiven (bei Paneloux: sein vorgefaßtes Welt- und Menschenbild, auf dessen Hintergrund er das Phänomen Pest interpretiert und rechtfertigt).

Der fundamentale Unterschied zwischen Rieux und Paneloux besteht in ihrer Auffassung vom „ordre du monde" — das ist die Grundfrage des Erkennens — und in ihren Konsequenzen, die sie aus der konträren Interpretation dieser gestörten Weltordnung ziehen – das ist die Grundfrage des Handelns. Während Paneloux eine jenseitsbezogene, fatalistische und statische Auffassung von der Schöpfung hat, ist diese bei Rieux diesseitsbezogen, voluntaristisch und dynamisch: Keine Rechtfertigung des Unglücks, sondern Auflehnung gegen die Pest! Das ist die Wahrheit, zu der unterwegs hin sich Rieux glaubt: „Rieux croyait être sur le chemin de la vérité, en luttant contre la création telle qu'elle était" (vk 34). Wenn man das Elend sieht und den Schmerz, den die Pest mit sich bringt, „il faut être fou, aveugle ou lâche pour se résigner à la peste" (vk 33). Hier zeigen sich drei mögliche Verhaltensweisen des Menschen einer Sache gegenüber, die seinen Geist und Willen betreffen: Der Verrückte zeichnet sich durch Fehlen von Intellekt aus, der Feige durch Fehlen von Mut bzw. Charakter, der Blinde entweder durch das eine oder das andere. Der Blinde, der Verblendete, kann entweder nicht sehen (intellektueller Mangel) oder er will es nicht (voluntativer Mangel). Verrückt, blind und feige sind Mangelerscheinungen, die Rieux für sich zurückweist. Er will klare Gedanken fassen in einer Welt, in der es Nacht ist, sich nicht blenden lassen von vermeintlichen Irrlehren und geistigen Fluchtversuchen, mutig das tun, was jeweils getan werden muß. Nur so, durch solidarisches Handeln, kann die Menschheit überleben, denn – wie Max Frisch gesagt hat –: „Die Sintflut ist herstellbar." Noch einmal kommt er auf Paneloux' Interpretation und auf die Ordnung der Welt zu sprechen und wirft dem Christentum indirekt vor, ideologisch zu sein, d. h. der klassischen Definition von Wahrheit als adaequatio rei et intellectus nicht zu genügen (vk 33,13–15). Außerdem: Wenn er an einen allmächtigen Gott glaubte, so könnte er die Hände voll Gottvertrauen in den Schoß legen, aber niemand, selbst Paneloux nicht, würde dies tun, denn niemand gebe sich total diesem Gottvertrauen hin und setze sich total und voller Hoffnung dieser Allmacht Gottes aus. „Puisque l'ordre du monde est réglé par la mort, peut-être vaut-il mieux pour Dieu qu'on ne croie pas en lui et qu'on lutte de toutes ses forces contre la mort, sans lever les yeux vers ce ciel où il se tait" (vk 35). Obwohl sich Rieux längst als Atheist zu verstehen gegeben hat, versucht er dennoch, Gott als deus absconditus, als dieu caché (Goldmann) zu retten. Es mag ihn ja geben, diesen euren Gott – so argumentiert er –, aber er zeigt sich nicht, er läßt das Böse in der Welt zu. So kann es nur des Menschen Werk sein, gegen das Böse, gegen die Pest, gegen den Tod anzukämpfen. Die Welt ist vom physischen, nicht von ihrem metaphysischen Ende her bestimmt, und es gilt, dieses Ende so weit wie möglich hinauszuschieben. Das können nur provisorische Siege sein, wie Tarrou sagt. Rieux bestätigt ihm, daß für ihn die Pest eine unaufhörliche Niederlage darstellt, unaufhörlich, weil die Zahl der Befallenen unermeßlich ist und weil ein Geheilter nie definitiv geheilt ist, und eine Niederlage, weil am Ende trotz allen ärztlichen Bemühens doch der Tod steht, der für Rieux nie überwunden, sondern immer nur ein Stück hinausgeschoben werden kann. Tarrou versteht Rieux, und er ist der erste der in so grundsätzlicher Weise von Rieux' Einstellung zur Pest erfährt. Er billigt sie weitgehend, ist doch seine Motivation, Rieux bei seiner Arbeit zu helfen, auch eine moralische, die er „compréhension" nennt (vk 37).[43]

In Rieux' Engagement spiegelt sich sehr deutlich Camus' Engagement als politischer Schriftsteller wider, der es ablehnt, der Welt gegenüber verrückt, blind oder feige zu sein, der weder opportunistisch handelt, noch gleichgültig den Dingen gegenübersteht, noch resigniert in die Welt des schönen Scheins flüchtet, sondern der revoltiert und sich engagiert: „Je me révolte, donc nous sommes." In der Revolte erfährt er seine Existenz als eine der menschlichen Solidarität.

3.7 Ramberts Entscheidung

Der Erzähler Rieux reflektiert – und dieser Passus ist weiter oben bereits zitiert worden – lange über die Rolle der „formations sanitaires volontaires" während der Pest. Er kommt zu folgendem Ergebnis: „Ces formations aidèrent nos concitoyens à entrer plus avant dans la peste et les persuadèrent en partie que, puisque la maladie était là, il fallait faire ce qu'il fallait pour lutter contre elle. Parce que la peste devenait ainsi le devoir de quelques-uns, elle apparut réellement pour ce qu'elle était, c'est-à-dire l'affaire de tous. (. . .) Pour ceux de nos concitoyens qui risquaient alors leur vie, ils avaient à décider si, oui ou non, ils étaient dans la peste, et si, oui ou non, il fallait lutter contre elle" (f 135 f.). Rieux' und auch Tarrous „conclusion" war: „Il fallait lutter de telle ou telle façon et ne pas se mettre à genoux. Toute la question était d'empêcher le plus d'hommes possible de mourir et de connaître la séparation définitive. Il n'y avait pour cela qu'un seul moyen qui était de combattre la peste. Cette vérité n'était pas admirable, elle n'était que conséquente."

Grand zum Beispiel, der im Grunde nichts von einem Helden hatte, war „le représentant réel de cette vertu tranquille qui animait les formations sanitaires" (f 137). Daher beschäftigt sich der Erzähler im weiteren Verlauf des achten Kapitels zuerst mit ihm, mit seinem immer wieder umgeschriebenen Romananfang, mit seinem stummen Heldentum. Wenn es nun absolut einen Helden geben soll, dann schlägt der Erzähler gerade ihn vor, „ce héros insignifiant et effacé qui avait un idéal apparemment ridicule" (f 140). – Am Ende dieses Kapitels erscheint Camus' berühmtes Wortspiel aus seiner Erzählung „Jonas ou l'artiste au travail" in anderem Gewande wieder, und zwar als von fernen Rundfunkstationen angebotene, aber ohnmächtige Solidarität mit der einsamen, auf sich gestellten Stadt: „solidaire – solitaire".

Das sehr lange letzte Kapitel des zweiten Teils berichtet ausführlich von Ramberts weiteren Fluchtversuchen, von seinem allmählichen Weg in die Illegalität, auf dem ihm die dunkle Figur Cottards entgegenkommt, der sich als einziger in der Pest wohlzufühlen scheint; es handelt weiter von Paneloux' Beitritt zum freiwilligen Sanitätsdienst, zu dem Tarrou auch Rambert gewinnen will, von Rambert allmählich einsetzender Bewußtseinsveränderung, von Cottards krimineller Vergangenheit, von Ramberts Scheitern und von seiner „Moral": Er hat als ehemaliger Kämpfer im spanischen Bürgerkrieg genug von Leuten, die für eine Idee sterben; er glaubt nicht ans Heldentum. Aber für Rieux gilt der Kampf des Arztes nicht einer Idee, sondern dem Menschen; es handelt sich dabei auch nicht um Heldentum, sondern um „honnêteté". Nur mit „honnêteté" lasse sich nach Rieux die Pest bekämpfen (f 164). Mit „honnêteté" bezeichnet er die moralische Haltung, die wir oben analysiert haben, und die er hier bescheiden als eine von seinem Beruf ableitbare Pflicht ausgibt. Rambert entgegnet ihm, daß es für Rieux und Tarrou leicht sei, sich auf die Seite zu stellen, auf der sie

stehen, weil sie nichts zu verlieren hätten. Als Tarrou dem Journalisten kurz die Situation von Rieux' Frau mitteilt, fällt bei Rambert die Entscheidung. Am folgenden Tag bietet er Rieux seine Hilfe bis zu dem Zeitpunkt an, an dem er die Stadt verlassen würde. Dankbar akzeptiert Rieux; seine Auffassung vom Menschen hat erneut eine nicht unbedeutende Bestätigung erfahren.
Der dritte Teil der „Pest" stellt, wie eingangs erwähnt, ihren Höhepunkt dar. Er ist in ganz besonderer Weise komponiert und nimmt schon durch seine Kürze eine außergewöhnliche Stellung ein. Zu bedauern ist, daß die Herausgeberin der Schulausgabe, die bei ihrer Zusammenstellung besonderen Wert auf die Einzelschicksale der Hauptfiguren gelegt hat, nicht auf den dritten Teil zurückgegriffen hat.[44] Wir können uns daher auch nicht mit der notwendigen und wünschenswerten Ausführlichkeit mit diesem Höhepunkt beschäftigen, sondern müssen uns mit einigen Hinweisen zur Lektüre begnügen.
Die auf der Ungradzahligkeit der einzelnen Teile beruhende klassisch-symmetrische Struktur des ganzen Romans erscheint auf seinem Höhepunkt wieder, der sich mühelos in drei Abschnitte gliedern läßt (f 169–174, 174–180, 181–186). Nach einer allgemeinen Einleitung stellt der Erzähler am Zenit der Sommerhitze und der Pestkrankheit die großen Themen seines Romans dar: „séparation", „exil", „peur" und „révolte" (f 169). Dabei handelt es sich nicht um namentlich genannte Einzelpersonen, sondern um die Stadt und ihre Bewohner als Kollektiv, als Einheit. Rieux spricht von den sozialen Unterschieden, von den Gefahren, die den Menschen drohen, die in einer größeren Gemeinschaft leben: den Soldaten, Nonnen und Gefangenen. Voller Ironie erwähnt er, daß es im städtischen Gefängnis wohl zum ersten Male eine absolute Gerechtigkeit gebe, denn die Pest verschone niemanden und gehe quer durch alle Reihen, vom Direktor über die Wärter bis zum letzten Gefangenen. In diesem Zusammenhang taucht zum ersten Mal ein Begriff auf, den Camus wenig später für ein thematisch ähnlich gelagertes Theaterstück verwenden sollte: „L'état de siège", der Belagerungszustand (f 171). Wieder finden wir das Begriffspaar „solidarité" – „solitude" (f 172), nun auf das Auseinanderbrechen der oben erwähnten Gemeinschaften bezogen, deren einzelne Mitglieder – genau wie

jeder andere in der Stadt – isoliert und unter Quarantäne gestellt werden müssen, wenn dies im Einzelfall erforderlich ist. – Der Höhepunkt dieses dritten Teils der „Pest" stellt zweifellos der mittlere Abschnitt dar, in dem Rieux die Totenstadt beschreibt. Hier kann nicht wiedergegeben werden, was er von dem Massensterben angepaßten Beerdigungsritus, von Beisetzungen in Massengräbern, vom nächtlichen Transport der Leichen mit der Straßenbahn zum außerhalb der Stadt gelegenen Krematorium, von diesen extremsten, d. h. äußersten und wirklich letzten Konsequenzen der Epidemie schreibt. Man darf nicht vergessen, daß Camus auf grauenvolle zeitgeschichtliche Ereignisse zurückgreifen konnte, die bei Erscheinen der „Pest" erst zwei Jahre zurücklagen und die von den damaligen Machthabern des Landes ausgingen, in dem dreißig Jahre später unsere Darstellung und Interpretation zweier Camus-Romane erscheint. Camus weigert sich durch Rieux, Spektakuläres aus dieser Zeit zu berichten, deren qualvolles Unglück auf die Dauer monoton wurde. „Dans le souvenir de ceux qui les ont vécues, les journées terribles de la peste n'apparaissent pas comme de grandes flammes interminables et cruelles, mais plutôt comme un interminable piétinement qui écrasait tout sur son passage" (f 181). Die Menschen hatten sich inzwischen verändert; an bessere Tage, an ein geliebtes Wesen konnten sie sich nicht mehr erinnern. Zu Liebe und Freundschaft waren sie nicht mehr fähig, weil diese Hoffnung und Zukunft voraussetzen, die es für Rieux' Mitbürger nicht mehr zu geben schien. Was für den einen eine Zeit der Gewissenserforschung ist, stellt für den andern einen langen und tiefen Schlaf dar. Der allgemeine Werthorizont bricht zusammen. Mit Bildern, die an das biblische Abendmahl erinnern, umschreibt Rieux den egalitären Zug der Pest: „Nous nous nourissions du même pain d'exil, attendant sans le savoir la même réunion et la même paix bouleversantes" (f 185). Wie die sengende Mittagssonne das Gefühl der stillstehenden Zeit verbreitet, so suggeriert in besonderer Weise dieser statisch-deskriptive dritte Teil der „Pest" dem Leser eine Zeit in der Hölle – „une saison en enfer" (Rimbaud) –, über die zu sprechen dem versagt ist, der sie nicht selbst erfahren hat.

Der allgemeine Zustand der Menschen – und der Erzähler schließt sich mit ein – läßt sich mit den Begriffen „fatalité",

„indifférence", „abattement" und „épuisement" nur unzureichend fassen. Selbst Rieux überrascht sich eines Tages dabei, daß er in einem banalen Ton über seine Frau spricht, deren Gesundheitszustand sich verschlechtert hat. Inzwischen ist seit dem ersten Auftauchen der toten Ratten fast ein halbes Jahr vergangen, und eine erfolgreiche medizinische Bekämpfung der Seuche ist nicht in Aussicht. Rieux kann seiner ursprünglichen Aufgabe nicht mehr treu bleiben. Er kann nicht mehr Leben erhalten, sondern muß Isolierung verordnen. „Découvrir, voir, décrire, enregistrer, puis condamner, c'était sa tâche" (f 192). Als Erzähler greift er wieder auf Tarrous Aufzeichnungen zurück, die vor allem über Cottard berichten, der in und trotz dieser schweren Zeit als einziger ein lebendiges Beispiel der Zufriedenheit abgibt (f 194 ff.). „Autant que cela est possible, il est à l'aise dans la terreur" (f 198).
Rambert plant inzwischen einen erneuten, letzten Fluchtversuch, von dem Rieux erfährt. Dieser weist Rambert darauf hin, daß dem Journalisten von seiten der Justiz Gefahr drohe. Rambert kann nicht verstehen, wieso Rieux ihn nicht daran hindert, die Stadt zu verlassen. Rieux toleriert Ramberts persönliche Option für das Glück und sieht sich außerstande, aufgrund traditioneller Moralvorstellungen Ramberts Handeln in dieser Grenzsituation menschlichen Lebens als gut oder schlecht zu bezeichnen. Nachdem Rambert seine – diesmal erfolgversprechenden – Fluchtvorbereitungen getroffen hat, sucht er ein letztes Mal Rieux im Krankenhaus auf, um sich von ihm zu verabschieden. Unvermittelt teilt Rambert dem Arzt mit, daß er bleiben und die Stadt nicht verlassen wolle. Rieux reagiert vorsichtig und erinnert Rambert an seine Geliebte in Paris, an das, was Rambert in einem früheren Gespräch als sein persönliches Glück bezeichnet hatte, dessen er sich nach Meinung Rieux' nicht zu schämen brauche. Rambert hat aber inzwischen eine Wandlung durchgemacht und erfahren, daß man in einer unglücklichen Umgebung alleine nicht glücklich sein kann. „Rambert dit qu'il continuait à croire ce qu'il croyait" (vk 40). Was glaubt Rambert noch? An die Wichtigkeit seines individuellen Glücks? Oder daran, daß er nicht auf die Welt gekommen sei, um Reporter zu werden, sondern um mit einer Frau zusammen zu leben? Vielleicht denkt er an seine frühere These, nach der das allgemeine Wohl nichts ist ohne das

Glück des einzelnen („Le bien public est fait du bonheur de chacun“, vk 16). Damals neigte sich die Waage einseitig zu Gunsten des „bonheur de chacun“, jetzt entschieden zu Gunsten des „bien public“; damals war Rambert im Grunde „solitaire“, jetzt wird er „solidaire“. Das individuelle Glück ist nicht wert, verwirklicht zu werden, wenn alle anderen Menschen leiden. Hier nähert sich Ramberts neue Haltung der Grundposition Rieux‘ an. Tarrou stellt Rambert ganz präzise vor die Alternativsituation und führt ihm die entscheidende Wahl vor Augen, die er zu vollziehen hat: Individuum oder Gemeinschaft, Freiheit oder Unterdrückung, Glück oder Unglück? Rambert hat aus der Anschauung, aus der Erfahrung hinzugelernt, nicht aufgrund einer theoretischen Erkenntnis oder eines ideologischen Systems: „Cette histoire nous concerne tous“ (vk 41). Damit sagt er wörtlich genau dasselbe, was Rieux ihm in ihrer ersten Unterredung versucht hatte klarzumachen (vk 15). Auch sie, Tarrou und Rieux, haben einst wählen und sich entscheiden müssen. Rambert will wissen, ob sie damit auf die Realisierung ihres individuellen Glücks verzichtet haben. Rieux weiß es nicht. Er weiß nicht, warum er hilft, warum er solidarisch handelt, wo doch nichts auf der Welt ihm den individuellen Wert der Liebe – zu seiner Frau – streitig machen könnte. Er weiß nur, daß er hier und jetzt helfen muß, was ihm keine Zeit zu größeren Überlegungen läßt. Hiermit greift er noch einmal einen Gedanken auf, den er bereits im Gespräch mit Tarrou im Hinblick auf Paneloux geäußert hatte (vk 34). Es ist legitim zu fragen, ob er, da er Arzt ist, nur seine Pflicht tut oder mehr als diese. Sicherlich trifft beides zu; und man wird wohl kaum sagen können, daß Rieux‘ menschliche Größe dadurch weniger wiegt, daß er quasi mit einer berufsmäßigen Vorgabe den Kampf gegen die Pest aufnimmt und durchsteht. Rambert als Mensch in der Entscheidung, in einer Umbruchsituation, ist auf seine Weise für den Leser von besonderem Interesse. Camus hätte ihm Gelegenheit geben können zu entfliehen; Camus hätte ihm den Beruf des Sanitäters und damit wie Rieux eine gewisse Vorgabe verleihen können. In beiden Fällen wäre Rambert eine uninteressante, weil unproblematische Romanfigur geworden. Er zeichnet dagegen einen langen Prozeß eines Menschen auf, der sich zuerst einmal gegen seine Mitmenschen auflehnt und der lernen muß, sich gegen das Böse, gegen die Pest aufzulehnen. Rambert hat die Freiheit zur Wahl, die die existentialistische Philosophie dem Menschen grundsätzlich einräumt, als solche erkannt und sein Menschsein angenommen. Der Begriff des „choix“ spielt gerade bei Sartre eine zentrale Rolle; und es sei erlaubt, einen Gedanken aus Sartres „L'Existentialisme est un humanisme“ heranzuziehen, um die vorliegende Textstelle noch ein wenig zu erläutern. Nach Sartres atheistischer Grundüberzeugung kann Gott nicht für den Menschen verantwortlich sein, wie dies z. B. für Paneloux der Fall ist, sondern jeder ist für sich selbst verantwortlich. Daher muß man wählen, und durch diese Wahl erst verwirklicht sich der Mensch selbst. Daher darf der Mensch nicht nach seinen Worten, sondern muß nach seinen Taten beurteilt werden. Der Mensch ist nichts anderes als das, was er aus sich macht. Jeglicher transzendentaler, metaphysischer Bezug, jedes vorgegebene Menschenbild wird von Sartre abgelehnt. Diese Selbstverwirklichung des Menschen macht seine Freiheit aus, denn der Mensch ist zur Freiheit verurteilt. Er ist verurteilt, weil er sich nicht selbst geschaffen hat, und er ist frei, weil er, sobald er einmal in die Welt geworfen ist, verantwortlich ist für das, was er tut. Aber diese Verantwortung schließt auch eine solche für seine Mitmenschen ein.[45] Das ist die Moral, nach der Rieux lebt und die Rambert nun akzeptiert. Die „littérature engagée“ ist sowohl eine der Tat als auch eine der großen Ideen, die es zu verwirklichen gilt: Philosophie und politische Pädagogik verschmelzen in ihr zu einer Einheit. Daß Rambert nicht nur unter einem spontanen Eindruck steht, sondern mit Überlegung handelt und mit einem bereits gefaßten Entschluß Rieux aufsucht, zeigt sich darin, daß er seiner Geliebten schon vorher telegraphisch eine Absage erteilt hat.

3.8 Der Todeskampf eines Kindes

Das Serum, das Castel, ein Kollege von Rieux, entwickelt hat, wird zum ersten Mal an dem kleinen Jungen des Richters Othon erprobt, dessen Situation nach Rieux' Meinung hoffnungslos ist. Um diesem individuellen Fall eine symbolische Bedeutung zu verleihen, läßt Camus alle Hauptpersonen seines Romans an dem Geschehen intensiv teilhaftig sein. Der Junge liegt mit neun anderen Pestkranken in einem ehemaligen Klassenzimmer, das jetzt als Hilfskrankenhaus dient. Castel und Tarrou wachen seit vier Uhr morgens am Bett des Kindes; Rieux scheint schon länger zugegen zu sein. Mit dem Anbruch des Tages erscheinen sie nacheinander: zuerst Paneloux, der beim Anblick des leidenden Jungen sein Gesicht schmerzvoll verzieht; dann Grand, schließlich Rambert. Rieux schaut ununterbrochen dem Kampf zwischen Leben und Tod zu, ohne eingreifen zu können. Sein Blick kreuzt sich mit dem Tarrous; und die folgenden Gedanken des Erzählers sind, in einer stillschweigenden Übereinstimmung, die der beiden Männer: „Ils avaient déjà vu mourir des enfants puisque la terreur, depuis des mois, ne choisissait pas, mais ils n'avaient jamais encore suivi leurs souffrances minute après minute, comme ils le faisaient depuis le matin. Et, bien entendu, la douleur infligée à ces innocents n'avait jamais cessé de leur paraître ce qu' elle était en vérité, c'est-à-dire un scandale. Mais jusque là du moins, ils se scandalisaient abstraitement, en quelque sorte, parce qu'ils n'avaient jamais regardé en face, si longuement, l'agonie d'un innocent". (vk 43). In diesem Zitat setzt Camus mit dem wiederholten Begriff „unschuldig" die moralisch-religiöse Interpretation der Pest durch Paneloux voraus, was keine Identifizierung Rieux' mit dem Pater bedeuten soll. Wenn Gott nach schuldig und unschuldig trennt, wie Paneloux meint, dann hätte dieses Kind verschont werden müssen. Zum ersten Mal werden Rieux und Tarrou sich der Tatsache bewußt, was das Wüten der alles über einen Kamm scherenden Pest, die hier mit der Vokabel „terreur" belegt wird, bedeutet, wie konkret Leid und Schmerz eines sterbenden Kindes, aus der Nähe beobachtet, sein können, wie abstrakt dagegen ihr Protest gegen dieses Unrecht, das sie einen Skandal nennen. Der folgende Abschnitt stellt auch sprachlich-stilistisch einen Höhepunkt dar, indem Camus versucht, den Todeskampf des jungen Othon auch durch die Wahl seiner Worte, die Struktur der Sätze und die Schärfe der Konsonanten zu unterstreichen. Die Stille der Anwesenden, die zur Untätigkeit verdammt sind, wird zweimal kurz durch Paneloux unterbrochen: „S'il doit mourir, il aura souffert plus longtemps" (vk 44), und wenig später: „Mon Dieu, sauvez cet enfant" (vk 45). Der kleine Othon ist der erste, der mit

Castels Serum behandelt wird, das nicht anschlägt, sondern den Todeskampf zu verlängern scheint. Daher muß ausgerechnet dieses arme unschuldige Wesen länger leiden als die anderen Pestkranken. Eine andere, fast zynische Interpretation dieses Satzes geht dahin, das Sündenregister und Schuldenkonto eines Menschen an der Länge seines irdischen Leidens abzulesen. Danach hätte der kleine Othon im Verhältnis zu der Schuld, die er bis dahin auf sich geladen hat, zu lange gelitten; also länger, als er verdiente, länger, als ihm zustünde. Paneloux bleibt daher nichts anderes als das Gebet.

Demgegenüber versucht Rieux, in einer mystischen Vermischung mit dem Kind Hilfe zu geben und Trost zu spenden. Indem er den Puls des Jungen fühlt, versucht er, Bewegung und Rhythmus seines Blutkreislaufes mit dem des sterbenden Kindes in Übereinstimmung zu bringen: „Il se confondait alors avec l'enfant supplicié et tentait de le soutenir de toute sa force encore intacte" (vk 45). Aber dieser „accord" gelingt ihm nur während einer einzigen Minute, und die symbolisch zu nehmende Verbindung muß sich wieder lösen. Ein wenig später öffnet der Junge zum ersten und letzten Male seine Augen, blickt Rieux an und stößt unvermittelt einen Schrei aus, „qui emplit soudain la salle d'une protestation monotone, discorde, et si peu humaine qu'elle semblait venir de tous les hommes à la fois" (vk 45), ein Schrei also, mit dem sich die ganze Menschheit gegen dieses unschuldige Sterben aufzulehnen scheint. Müdigkeit und Abscheu übermannen Rieux, der diesen zu Ende gehenden Kampf nicht mehr ertragen kann. Nachdem Paneloux den toten Jungen mit dem Zeichen des Kreuzes verlassen hat, stürzt Rieux hinter ihm her um ihm aufgebracht vorzuwerfen, daß doch wenigstens dieses eine Menschenwesen unschuldig war, also nach Paneloux' Predigt hätte gerettet werden müssen. In Bildern, die z. T. an das karfreitägliche Sterben Christi erinnern („Es ist vollbracht"; der Garten Gethsemane), zeichnet Rieux uns die Atmosphäre dieser Morgenstunde. In der anschließenden Diskussion mit Paneloux über den Sinn dieses Leidens und Sterbens zeigen sich bereits in der Begrifflichkeit grundsätzliche Unterschiede zwischen dem Arzt und dem Priester. Während Rieux von Revolte im Sinne seiner Auflehnung gegen das Schicksal, gegen die Schöpfung und gegen eine

deterministische Auffassung von der Weltordnung spricht, schwächt Paneloux ab, versucht das Unfaßbare zu interpretieren und als Zeichen Gottes zu akzeptieren: „Cela est révoltant parce que cela passe notre mesure. Mais peut-être devons-nous aimer ce que nous ne pouvons pas comprende“ (vk 47). Rieux muß da entschieden widersprechen: „Et je refuserai jusqu'à la mort d'aimer cette création où des enfants sont torturés.“ Er kann keinen Gott akzeptieren, der diese extreme Form von unsinnigem Leiden zuläßt. Die Feststellung Paneloux', der nun begriffen zu haben glaubt, was Gnade ist (womit er sich wohl selbst meint), veranlaßt Rieux, diesen Bereich zu verlassen, um wenigstens auf der Ebene des Irdischen etwas Gemeinsames mit Paneloux herauszustellen. Wichtig sei, daß sie beide zusammen für etwas arbeiten, was jenseits aller Lästerungen und Gebete liege. Paneloux kann dies bestätigen, wählt aber wiederum, wenn er dieses Gemeinsame das „Heil“ der Menschen nennt, einen Begriff, der nicht ganz frei von Metaphysischem ist, so daß Rieux bescheidener ansetzen will. Nicht auf das Heil der Menschen ziele er, das sei für ihn zu hoch gegriffen. sondern auf seine Gesundheit. „Ce que je hais, c'est la mort et le mal, vous le savez bien. Et que vous le vouliez ou non, nous sommes ensemble pour les souffrir et les combattre“ (vk 48). Dies ist die versöhnliche Schlußformel, die Rieux am Ende dieses Gespräches mit Paneloux findet. Beide können und dürfen das Böse in der Welt und den Tod nicht zulassen, beide müssen sie sie leidend erdulden und bekämpfen. Für Paneloux mag der Tod das Tor zum überirdischen Leben sein; für Rieux jedoch gilt es, das Tor zum irdischen Leben so lange wie möglich aufzuhalten.
Die unterschiedlichen Positionen Rieux' und Paneloux' lassen sich durch folgendes Schema veranschaulichen:

	Paneloux	Rieux
Gemeinsam:	Arbeit, Leid, Kampf usw.	
Basis:	Christlicher Humanismus	Atheistischer Humanismus
	Mensch	
Ziel:	„le salut de l'homme" d. h. Rettung der Seele	„la santé de l'homme" d. h. Rettung d. Körpers
Kennzeichen:	Akzeptieren der das menschliche Maß überschreitenden, gottgewollten Situation; Hingabe an den göttlichen Willen	Weigerung, die Schöpfung so zu lieben, wie sie ist; Zurückweisen von Tod und Übel
	Gnade („grâce")	Auflehnung [46] („révolte")

3.9 Die zweite Predigt des Paters

Nichts charakterisiert deutlicher die sich in den von der Pest heimgesuchten Menschen vollziehende Wandlung als die zweite Predigt Paneloux'. Der Roman kennt keinen ähnlichen Fall, wo ein früheres, bedeutsames Strukturmotiv wieder aufgegriffen und verwandelt wird. Außerdem erlaubt diese Gelegenheit Camus, sich noch einmal mit dem Christentum auseinanderzusetzen, da in diesem Punkt ein hohes Maß an Übereinstimmung mit seinem Helden Rieux unterstellt werden darf. Das vierte Kapitel des vierten Teils, das der zweiten Predigt Paneloux' gewidmet ist, läßt sich folgendermaßen untergliedern: Einleitung (vk 48, 16–50, 21), Predigt (50, 22–55, 30) und Paneloux' Krankheit und Tod (55, 31–60, 13).
Rieux stellt im Laufe der Zeit bei seinen Mitbürgern einen Hang zu Aberglauben und Prophezeiungen fest, die der

Arzt ausführlich darlegt. Es läßt sich leicht nachweisen, daß Rieux Aberglauben und Prophezeiungen mit der christlichen Religion und der katholischen Kirche in Verbindung bringt, was sicher in dieser vereinfachten Form nicht zulässig ist, wenn nicht auch auf antik-heidnischen Ursprung zurückgegriffen wird. Diese neue Ersatzreligion für viele Bewohner bewirkt, daß bei der zweiten Predigt des Paters die Kirche nur zu drei Vierteln gefüllt ist. Außerdem hatte diese „Art Schauspiel" die Anziehungskraft des Neuen verloren. Für einen echten Christen muß es einen großen Unterschied zwischen seiner Religion und jeder Ersatzreligion geben, aber Rieux zeigt ihr verbindendes Element und läßt seine Distanz zu beiden deutlich spüren: Für ihn stellen Religion, Aberglaube, Prophezeiungen und dergleichen unrationale Versuche und unadäquate Mittel dar, sich mit dem Bösen in der Welt auseinanderzusetzen; beides sind psychische Fluchtversuche aus der Wirklichkeit.

Seit dem Tod des kleinen Othon scheint Paneloux verändert zu sein. Er erzählt Rieux, daß er an einer Abhandlung über die Frage „Un prêtre peut-il consulter un médecin?" (vk 48) arbeite und daß er in seiner nächsten Predigt, zu der er den Arzt einlädt, auf seine Vorstudien zurückgreifen wolle. Im Grunde geht es bei dieser Frage um das Verhältnis von Theologie und Wissenschaft, um eine Frage also, deren geistesgeschichtliche Beantworung zuerst die europäische Aufklärung in ihrem säkularen Sinne unternommen hat. Wenn die Aufklärung eine Emanzipationsbewegung war – z. B. im sozialen und politischen Bereich –, dann zeigt sich dies sicherlich auch in der endgültigen Trennung von Theologie und Philosophie und in der Loslösung der Wissenschaften von der Bevormundung durch traditionelle Autoritäten und Implikationen, die das Mittelalter vor sich her geschoben hatte. Paneloux' Fragestellung beweist aber vor allem, daß dieser „homme d'études", wie Rieux ihn einst bezeichnet hatte, aus der Praxis, aus dem Leben (besser: aus dem Sterben des jungen Othon) dazugelernt hat und sich nun bemüht, einige rigorose Thesen aus seiner ersten Predigt neu zu überdenken und Globales und Pauschales zu präzisieren und zu differenzieren.

Zuerst einmal verringert er dadurch die Distanz zwischen sich und seinen Zuhörern, daß er anstelle der zweiten nun die erste Person Plural gebraucht. Seine Sprache ist nicht mehr so pathetisch-emphatisch und eindringlich, sondern sanfter, überlegter, zögernder geworden. Er will eher überzeugen als überreden. Sein früheres anmaßendes und übereiltes Urteil nimmt er vorsichtig zurück, indem er sich metaphorisch ausdrückt. Er trennt zwischen seiner subjektiven Überzeugung und einer wie auch immer erkennbaren objektiven Wahrheit, die er früher tendenziell gleichsetzte. Er bleibt aber dabei, daß die grausamste Prüfung für den Christen noch ein Gewinn sei. Unter Verzicht auf einen Erklärungsversuch der Pest schlägt er vor, daß man lieber eine Lehre aus ihr ziehen solle. Interessiert hört Rieux wieder an einem Punkt zu, der von der früheren These Paneloux' abweicht. Paneloux verzichtet darauf, grundsätzlich alles unter dem Aspekt Gottes zu sehen und die Pest ausschließlich als Strafe Gottes aufzufassen. Er differenziert das notwendige vom unnützen Übel und trennt zwischen Don Juan in der Hölle und dem sinnlosen Leiden eines unschuldigen Kindes.

Paneloux verzichtet weiter darauf, sich die Sache so einfach zu machen wie in seiner ersten Predigt und gibt zu, daß auch er in die Enge getrieben und an einer Grenzsituation angelangt sei („au pied du mur“, vk 52; „toutes issues fermées“, vk 53). Der Sprung über diese Mauer, der Sprung in den Glauben, ist angesichts des Leidens und Sterbens eines Kindes eine zu billige Flucht, die Paneloux nach allem, was er inzwischen konkret gesehen hat, nicht mehr antreten kann und will, wenn er sie auch noch einmal theoretisch durchspielt. Die Flucht bestünde dann in einer einfachen Kompensation, im gegenseitigen Aufrechnen der ewigen Freuden im Jenseits mit einem schmerzvollen Augenblick im Diesseits. Indem er diese Kompensation ablehnt, gesteht er dem irdischen Leben indirekt einen Selbstzweck zu und sieht es nicht mehr ausschließlich unter dem Aspekt der Ewigkeit. Ganz im Gegensatz zur ersten Predigt scheint er nun auch selbst unter der Pestsituation zu leiden, und so ist das Bild der inneren Zerrissenheit keine reine Rhetorik („fidèle à cet écartèlement dont la croix est le symbole“, vk 52, mit direktem Bezug zum sterbenden Kind: „L'enfant prit dans le lit dévasté une pose de crucifié grotesque“, vk 44).

Zwei Gedanken durchziehen den weiteren Verlauf der Predigt, die nun analysiert werden müssen. Beide zielen im Grunde auf dasselbe, nämlich auf das für den Christen schwierige Unterfangen, in dieser Zeit des Schreckens seinen Glauben zu bewahren, und auf die Notwendigkeit zu glauben. Würde Paneloux nur von der Schwierigkeit des Glaubens sprechen, wie er es in Ansätzen natürlich getan hat, so könnte man vor dieser Schwierigkeit wie vor einer unüberwindbaren Hürde haltmachen. Deshalb muß er seine christlichen Zuhörer von der Notwendigkeit des Glaubens überzeugen, von dem Sprung über den Abgrund, der eines großen Mutes und eines weiten Anlaufs bedarf. Um bei dem Bild des Sprungs zu bleiben: hier gibt es keinen Kompromiß, keine Zwischenziele, an denen man rasten kann; man kommt eben im ersten Anlauf hinüber oder gar nicht. Wer nicht springt, der ist verloren. Von daher kommt Paneloux zu seiner rigorosen, kompromißlosen Alles-oder-nichts-Theorie, die wie eine bedeutungsschwere Kadenz viermal einen Abschnitt seiner Predigt beendet (vk 52 ff.), sich aber noch ein weiteres Mal bei ihm nachweisen läßt (vk 53). Wie die existentialistische Philosophie, so konstruiert auch die christliche Theologie Paneloux' eine Wahlmöglichkeit, und zwar eine Grundentscheidung des Menschen zwischen Glauben und Unglauben. Er muß wählen, ob er Gott hassen oder lieben will (vk 55). „Et qui oserait choisir la haine de Dieu?" „Et qui donc, parmi vous, oserait tout nier?" Der Christ kann diese Wahl nicht ablehnen, dann hätte er sich bereits gegen Gott entschieden; er kann auch nicht vorsichtig, quasi halben Herzens wählen, auch keinen Aus- oder Mittelweg. Er kann sich auch nicht inmitten der Pest auf eine Insel flüchten, um der Entscheidung auszuweichen oder um der fatalen Krankheit zu entfliehen, was an Rieux' oben erläuterte Auffassung vom „être embarqué" erinnert. Gott fordert den ganzen Menschen, auch wenn Gottes Wege unergründlich und unbegreiflich sind. Der Mensch muß sich unter Hintansetzung seiner Person dem göttlichen Willen überantworten, selbst wenn dieser sein Fassungsvermögen übersteigt (vk 53, vk 55: „acceptation totale", „s'abandonner à la volonté divine", „abandon total de soi-même").

Auf diesen theologischen Voraussetzungen beruht die Haltung, die Paneloux vorleben und seinen Zuhörern empfehlen will; eine Haltung, die seine theoretischen

Ausführungen in eine moralisch-praktische Handlungsanweisung verwandeln. Paneloux bezeichnet die adäquate Einstellung des Christen in dieser Zeit als „fatalisme actif" (vk 54). Diese spontan paradox erscheinende Formulierung will zwei Dinge miteinander versöhnen, die tatenlose Hingabe des Christen in den Willen Gottes einer- und seine aktive Teilnahme beim Bekämpfen der Pest andererseits. Insofern, als Paneloux seit einiger Zeit beim freiwilligen Sanitätsdienst mitarbeitet, lebt er diese Haltung vor, da er innerweltliches Handeln zeigt und seine in der ersten Predigt verkündete Auffassung von der eitlen Wissenschaft des Menschen („la vaine science humaine") überwunden hat. Paneloux erläutert seine Theorie vom „fatalisme actif" selbst wie folgt: „Il fallait seulement commencer de marcher en avant, dans la ténèbre, un peu à l'aveuglette, et essayer de faire du bien. Mais pour le reste, il fallait demeurer, et accepter de s'en remettre à Dieu, même pour la mort des enfants, et sans chercher de recours personnel" (vk 54).
Die auszugsweise Interpretation der zweiten Predigt hat gezeigt, daß diese von einer Spannung zwischen Kompromißbereitschaft und Kompromißlosiglkeit lebt, von der die erste, einseitig kompromißlose Predigt frei war. Vielleicht muß unsere Deutung hier noch eine weitere Differenzierung vornehmen und einen Unterschied machen zwischen dem innerweltlichen Bereich und dem außerweltlichen Bezug. Dann kann man sagen, daß es keinen Kompromiß gibt in der Frage des außerweltlichen Bezuges, des Glaubens an Gott, sondern nur in der Frage des innerweltlichen Handelns, des „fatalisme actif". Es geht um die Theorie des Glaubens und die Praxis des christlichen Handelns: beim ersteren gibt es keine Abstriche, während beim letzteren die Christen nicht Paneloux' Haltung während seiner späteren eigenen Krankheit zu akzeptieren brauchen. Wie wir in der Diskussion des Paters mit dem Arzt gesehen haben, ist die praktische Konsequenz aus dem theoretischen Glauben (Paneloux) und dem theoretischen Unglauben (Rieux/Tarrou) in beiden Fällen dieselbe: Christentum und Atheismus führen zum Humanismus. Die Begründung für die kompromißlose Haltung Paneloux' wird hier etwas einsichtiger als in seiner früheren Predigt, wo er Gott als den Fordernden herausstellte, der nicht „tiède" sei. Jetzt verlagert sich der Akzent mehr auf die irdische conditio hu-

mana; Paneloux geht vom Menschen und seiner schwierigen Lage aus, wenn er seine kompromißlosen Forderungen mit der Extrem- oder Ausnahmesituation der Pest und der Tatsache begründet, daß der Sprung vom Wissen in den Glauben nicht anders möglich ist als durch den totalen Einsatz des Christen. Die Frage nach dem „alles oder nichts“ gilt übrigens weder für Paneloux persönlich noch für Rieux, weil der erste – wenn auch vielleicht mit wenigen Abstrichen – alles glaubt, der zweite – mit Einschränkungen – nichts. Die Frage nach dem „tout ou rien“ ist vielmehr die Existenzfrage des „normalen“ Christen, der jetzt, bei der zweiten Predigt, noch in die Kirche geht, der das Unheil der Pest in einen Sinnzusammenhang gestellt sehen will und der sich noch nicht in Aberglauben und billige Prophezeiungen geflüchtet hat.
Wir wissen nicht viel über die Wirkung der Worte Paneloux'. Aus dem anschließenden Kommentar eines alten Priesters und eines jungen Diakons, von dem Rieux berichtet, geht hervor, daß beide den kühnen, ja gewagten Gedankengang des Paters hervorheben. Der Jüngere befürchtet sogar, daß Paneloux' Abhandlung über die Frage, ob ein Priester einen Arzt konsultieren darf, wegen ihrer weit kühneren Ausführungen nicht die offizielle kirchliche Druckerlaubnis, die Imprimatur, erhalten dürfte. Paneloux wird die Grundfrage seiner Abhandlung negativ beantworten: „Si un prêtre consulte un médecin, il y a contradiction“ (vk 56). Für Tarrou steht fest, daß man beim Anblick des Sterbens unschuldiger Kinder seinen Glauben verlieren muß. Da Paneloux dies nicht will, wird er bis zum Ende gehen und den Kelch bis zur bitteren Neige leertrinken. Wie recht Tarrou behalten sollte, ergibt sich aus dem anschließenden Bericht über Leiden und Sterben des Jesuitenpaters, der die Haltung des Mönches vorlebt, der während der Pest in Marseille als letzter ausharrt, inmitten seiner toten und trotz einiger geflüchteter Mitbrüder (vk 54). Paneloux wird gemäß seinem Traktat handeln, die Hilfe des Arztes zu spät und ohne innere Beteiligung annehmen und in der Gewißheit sterben, daß niemand den göttlichen Heilsplan stört, in dem sein Dahinscheiden vorgesehen ist, und daß das Heil des Menschen ein höherer Wert ist als die Gesundheit seines Körpers (vgl. Auseinandersetzung mit Rieux, vk 47). Als „cas douteux“, als zweifelhafter Fall wird

er sterben, und dies meint nicht nur, daß nicht feststeht, ob es die Pest ist oder nicht (womit Rieux das erste, dezente Zeichen ihres Rückzuges setzt), sondern hat darüber hinaus symbolischen Wert. – Paneloux beantwortet, so können wir seine Predigt resümieren, die Grundfragen nach der möglichen Erkenntnis, nach dem richtigen Handeln und nach der Hoffnung auf göttlichen Lohn so, daß er auf die Erkenntnis verzichtet, das Handeln anderen überläßt ohne es abzulehnen, um sich ganz dem Glauben an Gott und dem Seelenheil der Menschen zu widmen.

Formal erinnert die Alternative des alles oder nichts und die zweifache Frage, wer es wagen würde, alles zu leugnen und Gott zu hassen, an das Argument der Wette („l'argument du pari"), das Camus später in einem politischen Zusammenhang aufgreifen sollte: „Wir haben nichts zu verlieren oder alles. Darum wollen wir vorwärtsgehen. Das ist die Wette unserer Generation. Wenn wir scheitern sollten, ist es auf alle Fälle besser, sich auf Seiten derer gestellt zu haben, die leben wollen, und nicht auf Seiten derer, die vernichten".[47] Im Unterschied hierzu kann Paneloux, wenn er auf Gott setzt, die Möglichkeit des Scheiterns nicht mit einkalkulieren. Dennoch bietet er die Wahl zwischen Glauben und Unglauben an: Man muß wählen, aber man muß objektiv gesehen nicht unbedingt den Glauben wählen. Es ist subjektiv wünschenswert und notwendig, den Glauben zu wählen, so schwierig dies ist. Wer den Glauben nicht wählt, bringt sich nach Paneloux um eine entscheidende Möglichkeit; er verliert von vornherein alles. Nur der, der glaubt, gewinnt alles. Insofern ist die offene Struktur der Wette, die in Camus' Interview gegeben ist, bei Paneloux nicht vorhanden. Camus hat das Argument der Wette wahrscheinlich von Pascal übernommen[48], dem großen französischen Theologen und Philosophen des 17. Jahrhunderts, wo es offen strukturiert ist und sich auf die Existenz Gottes bezieht (sogenannter Gottesbeweis): „Nehmen wir an: Gott ist oder er ist nicht. Wofür werden wir uns entscheiden? (. . .) Ja, aber man muß auf eines setzen, darin ist man nicht frei, Sie sind mit im Boot. Was werden Sie also wählen? (. . .) Wenn Sie gewinnen, gewinnen Sie alles, wenn Sie verlieren, verlieren Sie nichts. Setzen Sie also, ohne zu zögern, darauf, daß er ist."

3.10 Tarrous Geschichte

Allerheiligen des Pestjahres ist kein besonderes Fest, denn – um in der Sprache Cottards zu reden – das Fest der Toten ist zu einer Alltäglichkeit geworden. Die Pest wütet mit der Präzision und Regelmäßigkeit eines guten Beamten – ein Bild, das an die Pest-Allegorie in Camus' „Belagerungszustand" gemahnt. Während die Beulenpest zurückgeht, tritt als neue Form die Lungenpest auf, so daß sich die Anzahl der Toten die Waage hält. Die Unparteilichkeit der Pest und das egalitäre Prinzip des Todes lassen in der Bevölkerung ein Gefühl der Ungerechtigkeit aufkommen, das mit der allmählich spürbar werdenden Nahrungsmittelknappheit wächst. Der Schwarzmarkt vergrößert die sozialen Unterschiede und damit das Elend der unteren Schichten. Rieux berichtet einmal wieder aus Tarrous Notizen, in denen beschrieben wird, wie das größte Isolierungslager der Stadt, das ehemalige Stadion, funktioniert, in dem sich auch der Richter Othon aufhalten muß.
Die aufrichtige Freundschaft zwischen Rieux und Tarrou gibt dem letzteren eines Abends Gelegenheit, während sie auf der Terrasse eines Hauses sitzen, dem Arzt seine Lebensgeschichte zu erzählen, die Camus in direkter Rede wiedergibt, was in der „Pest" nicht oft geschieht. Die Thematik von Gerechtigkeit und Mord ist grundlegend für das ganze Denken und Handeln Camus', wenn man z. B. nur an das Motiv des Richters und Richtens in seinen anderen beiden Romanen („L'Etranger", „La Chute"), in dem Theaterstück „Les Justes" und in den Essays „L'Homme révolté" und „La Guillotine – Réflexions sur la peine capitale" denkt. So ist es erlaubt, in Tarrous sehr bedeutsamen Ausführungen einen stark autobiographischen Zug zu sehen. Wieder einmal bestätigt sich, wenn auch indirekt, daß eine simple Gleichsetzung von Erzähler (Rieux) und Autor (Camus) für die „Pest" so wenig gilt wie für andere fiktionale Werke Camus'.
Tarrou hat die drei Stadien des absurden Menschen durchgemacht, die der „Fremde" genau so erfahren hat wie Daru, der Volksschullehrer aus der viel gelesenen Novelle „L'Hôte"[49]: 1. das unbewußte Leben („Quand j'étais jeune, je vivais avec l'idée de mon innocence, c'est-à-dire avec pas d'idée du tout", vk 62), 2. das bewußte Leben („Un jour,

j'ai commencé à réfléchir"), 3. die Revolte („Moi, j'ai toujours voulu en sortir", wobei sich das Adverb „en" auf die Pest bezieht, mit der Tarrou ganz allgemein das Übel in der Welt bezeichnet). Er stellt nun im einzelnen den langen Weg dar, den er zurückgelegt hat, und dessen entscheidende Etappe die Verurteilung und Hinrichtung eines Angeklagten war. Diesem Prozeß hatte der junge Tarrou auf Einladung seines Vaters, eines Staatsanwaltes, beigewohnt. Nach der ausführlichen Schilderung seiner „étape de la vie consciente" (vk 63 ff.) berichtet er in gleicher Weise von den praktischen Konsequenzen („étape de la révolte"), die er seither im Laufe seines Lebens aus der theoretischen Erkenntnis gezogen hat (vk 65 ff.). Er hat überall da in Europa, wo es die Todesstrafe und Länder gibt, deren Gesellschaftsordnung auf der Basis der Todesurteile ruht, sich aktiv politisch betätigt. Aber dabei hat auch er „schmutzige Hände" (Sartre) bekommen, denn um den Tod zu bekämpfen, mußte man – vielleicht sogar, wie in „Les Justes", Unschuldige – töten; um einer zukünftigen Gesellschaft willen, wo man niemanden mehr töten würde, waren einige Verurteilungen notwendig. Er wußte damals noch nicht, was Camus an anderer Stelle sagt und was auch an die Adresse jeglichen politischen Terrors gerichtet ist, der sich zu rechtfertigen sucht: „Si la seule solution est la mort, nous ne sommes pas sur la bonne voie."[50] „Wenn der Tod die einzige Lösung ist, befinden wir uns nicht auf dem richtigen Weg." Man kann hier nicht die Argumente aufzählen, die Camus in seinen „Betrachtungen zur Todesstrafe" leidenschaftlich gegen das legale Töten von Menschen vorbringt; es soll genügen, den Leser zu ermutigen, sich mit diesem Essay vertraut zu machen, den seinerzeit, als in der Bundesrepublik Deutschland die Diskussion über die Todesstrafe wieder aufflammte, eine seriöse Wochenzeitschrift als ihr engagierter Beitrag in dieser schwerwiegenden Frage abdruckte.

An dem Tage, als er in Ungarn an einer Hinrichtung teilnahm, hat sich Tarrou geschworen, alles daran zu setzen, um Töten zu verhindern: „J'ai décidé de refuser tout ce qui, de près ou de loin, pour de bonnes raisons ou de mauvaises raisons, fait mourir ou justifie qu'on fasse mourir" (vk 67). Er hat seine Situation als Widerspruch begriffen, nämlich als „pestiféré" gegen die Pest kämpfen zu wollen (vk 66). Er schämt sich, seinerseits ein Mörder gewesen zu sein und in

der verbohrten Verblendung gelebt zu haben, sehend zu werden. Die Geschichte, aus der er gelernt hat, hat ihm recht gegeben: „Ils sont tous dans la fureur du meurtre", und: „Nous étions tous dans la peste" (vk 67); sie alle hatten „schmutzige Hände". Deshalb hat er ein für alle Male den Frieden gewählt, um das Los der Menschen zu erleichtern „et, sinon les sauver, du moins leur faire le moins de mal possible et même parfois un peu de bien." Tarrou ist durch einen langen Leidensweg und aufgrund einer weitgehenden Generalisierung eines Einzelfalles zu seinen Grundüberzeugungen gekommen: Von einer einzigen Verurteilung geht er aus, gelangt von der moralischen Kriminalität zur politischen und kündet schließlich den Kampf gegen die Gesellschaft überhaupt an, die Töten zuläßt oder rechtfertigt. Parallel dazu weitet sich sein „Pest"-Begriff aus, der einen symbolischen Wert erhält und sich mit der Bedeutung der Camusschen „Pest" deckt. „Pest" heißt: Böses überhaupt, Unterdrückung, Mord, Tyrannei, Nationalsozialismus, Stalinismus, KZ. Das auf weniger als ein Jahr reduzierte „innere Exil" der Bewohner von Oran bedeutet somit die vier Jahre der deutschen Besetzung Frankreichs. Das ist der historisch-politische Hintergrund, von dem damals kein französischer Schriftsteller abstrahieren konnte; das ist der Symbolwert der Pest, die jedem zeitgenössischen Leser, besonders in Frankreich, unvermittelt klar wurde.
Tarrou weiß aber auch – und hier nimmt Camus einen Gedanken vorweg, mit dem Rieux seine „Chronik" beschließen wird –, daß der Mensch eine Anlage zum Guten und eine Neigung zum Bösen hat; ja schärfer noch: „Chacun la porte en soi, la peste. (...) Ce qui est naturel, c'est le microbe. Le reste, la santé, l'intégrité, la pureté, si vous voulez, c'est un effet de la volonté et d'une volonté qui ne doit jamais s'arrêter" (vk 68). Hier erreicht seine Generalisierung den höchsten Abstraktionsgrad, weil er eine grundsätzliche Aussage über die Natur des Menschen – gelöst von Zeiten und Räumen – macht. Seine Anthropologie hat einen nicht zu überhörenden pessimistischen Unterton. Tarrou hat nicht die Qualitäten, um ein – wie in Camus' „L'Homme révolté" dargestellt – „meurtrier raisonnable" zu werden. Sein höchstes Ziel ist, durch das Mitgefühl mit den Menschen ein „Heiliger ohne Gott" (vk 69) zu werden und den inneren und äußeren Frieden anzustreben. Aber er

weiß auch, daß er auf diesem steinigen Wege immer wieder stolpern und gar fallen wird. Und wenn er selbst wieder einmal ein „pestiféré" werden sollte, so gegen seinen eigenen Willen; dann ist er wenigstens ein „meurtrier innocent": einer, der moralisch rein bleibt, wenn er auch physisch tötet. Gefahr droht vor allem von den großen Ideologien, von bewußten oder unbewußten sprachlichen Verwirrungen und Verführungen, vom Mangel an „lucidité" und „clairvoyance": „J'ai compris que tout le malheur des hommes venait de ce qu'ils ne tenaient pas un langage clair. J'ai pris le parti alors de parler et d'agir clairement, pour me mettre sur le bon chemin" (vk 68). Wir wissen inzwischen, daß wir – wie Camus in „Les Justes" sagt – uns nicht auf dem richtigen Weg befinden, wenn der Tod die einzige Lösung ist. „La bonne voie est celle qui mène à la vie, au soleil."[50] „Der rechte Weg führt zum Leben, an die Sonne."
Rieux scheint Tarrous Darlegung weitgehend zu akzeptieren. Da er sich mehr um das physische Wohlergehen als um das seelische Heil der Menschen kümmert und da seine Verbundenheit mit den Besiegten größer ist als mit den Heiligen, lehnt er Tarrous These von der „sainteté sans Dieu" ab. „Je n'ai pas de goût, je crois, pour l'héroïsme et la sainteté. Ce qui m'intéresse, c'est d'être un homme" (vk 70). Hinter diesem bescheidenen Wort verbirgt sich der hohe Anspruch des permanenten In-der-Existenz-Seins, d. h. des Menschen in der Entscheidung. Deshalb glaubt Tarrou feststellen zu können, daß sie zwar beide dasselbe suchen, sein eigenes Ziel aber weniger hoch gegriffen sei als das des Arztes Rieux. Als Zeichen ihrer Freundschaft beschließen sie ihre Aussprache mit einem Bad im Meer, das ihnen beiden ein unendliches Glücksgefühl beschert. Aber sie wissen auch, daß sie am nächsten Tag ihren gemeinsamen Kampf gegen die Pest fortsetzen müssen.

3.11 Die Lösung des Dramas

Im letzten Kapitel des vierten Teils der „Pest" kündigt sich zur Weihnachtszeit mit der überraschenden Genesung Grands, dessen Körper eines Tages die Symptome der Pest aufweist, das Ende einer langen Schreckenszeit an. Grand, der nicht mehr mit seiner Heilung rechnet, hat einen Abschiedsbrief an seine ehemalige Frau begonnen, damit diese ohne Gewissensbisse glücklich sein könne. Er bittet Rieux, sein fünfzig Seiten umfassendes Romanmanuskript zu verbrennen, das aus nichts anderem besteht als aus stilistischen Varianten seines berühmten ersten Satzes. Aber wider alle Erwartung kann Grand gerettet werden, was Rieux eine „Auferstehung" nennt. Der vierte Teil schließt damit, daß ein allgemeiner Rückgang der Pest zu verzeichnen und ein Wiederauftauchen lebender Ratten zu bemerken ist.

Voller Hoffnung berichtet Rieux vom Rückgang der Pest, die – personifiziert – einer feindlichen Macht gleicht: „La peste perdit la presque totalité des forces. Elle perdait l'efficacité mathématique et souveraine qui avait fait sa force. Il semblait que la peste à son tour fût traquée, et que sa faiblesse soudaine fît la force des armes émoussées qu'on lui avait, jusqu'alors, opposées" (f 268), was als Anspielung auf die historische Widerstandsbewegung („Résistance") zu verstehen ist. Man war sich noch nicht darüber im klaren, ob es sich bereits um einen Sieg handelte. Man stellte fest, daß die Pest so abzuziehen schien, wie sie gekommen war. Von ganz entscheidender Bedeutung dafür ist nach Rieux das Moment der Hoffnung, die in den Bewohnern Orans wach wird. Auch Diego in Camus' „Belagerungszustand" kämpft mit seinen Waffen Hoffnung und Willen erfolgreich gegen die Pest an; und insofern überschneiden sich in ihm Elemente aus Rieux (Hoffnung) und Tarrou (Wille). Am 25. Januar können die Behörden sogar verkünden, daß man voraussichtlich in vierzehn Tagen die Stadttore wieder öffnen werde. „La délivrance qui approchait avait un visage mêlé de rires et de larmes" (f 273). Nicht anders wird man in Frankreich die Befreiung („Libération") von Paris im August 1944 erwartet haben.

Rieux zitiert zum letzten Mal aus Tarrous Aufzeichnungen, aus denen hervorgeht, daß es zumindest einen in der Stadt gibt, der von der abzusehenden Normalisierung des Lebens äußerst betroffen ist: Cottard. Tarrous Aufzeichnungen gehen hier zu Ende, weil er nie wieder Gelegenheit haben sollte sie fortzuführen. Anfang Februar nämlich, als Rieux voller Hoffnung auf ein Telegramm seiner Frau wartet, wird Tarrou von der Pest befallen. Rieux und seine Mutter setzen alles daran, um Tarrou zu retten. Aber Tarrou verliert seinen letzten Kampf, den wir an anderer Stelle analysiert haben.[51]

Es wiegt schwer, daß ausgerechnet er sterben muß, zumal zu einem Zeitpunkt, wo der ohnehin sinnlose Tod noch sinnloser erscheinen muß. Aber an Tarrous Tod zeigt sich auch, daß Camus nicht richten will: die Guten überleben, die Bösen sterben. Das Leben ist vielfältiger und unergründlicher. Und Camus wollte mit seinem fiktiven literarischen Werk der Realität möglichst nahe kommen, ohne auf Ästhetik und Symbolik zu verzichten. „Rieux sentait bien qu'il s'agissait cette fois de la défaite définitive, celle qui termine les guerres et fait de la paix elle-même une souffrance sans guérison. (. . .) Il croyait savoir qu'il n'y aurait jamais plus de paix possible pour lui-même" (f 289). „Tarrou avait perdu la partie, comme il disait. Mais lui, Rieux, qu'avait-il gagné? Il avait seulement gagné d'avoir connu la peste et de s'en souvenir, d'avoir connu l'amitié et de s'en souvenir, de connaître la tendresse et de devoir un jour s'en souvenir. Tout ce que l'homme pouvait gagner au jeu de la peste et de la vie, c'était la connaissance et la mémoire. Peut-être était-ce cela que Tarrou appelait gagner la partie" (f 290).
Mit „Erkenntnis und Erinnerung" läßt sich in der Tat der Sinn des Romans „La Peste" auf eine kurze Formel bringen, wie Rieux auch am Ende deutlich macht, wo er sich als Berichterstatter erklärt und den Entschluß faßt, die Ereignisse dieser langen „temps de souffrance" aufzuzeichnen. Aber bevor diese endgültig vorüber ist, trifft ihn mit dem Tod seiner Frau ein weiterer, letzter schwerer Schicksalsschlag, der ihn inmitten der Wiedersehensfreude der monatelang Getrennten erkennen läßt, daß er allein ist. Er hält den Augenblick fest, den Übergang von der Zeit des Leidens[52] in die des Vergessens, wo auf eine neue Weise Gleichheit, Freiheit und Brüderlichkeit verwirklicht zu sein scheinen (f 297). Die Menschen haben ihre wahre Heimat wiedergefunden: jenseits der Mauern dieser erstickten Stadt, auf den Hügeln, am Meer, in freien Ländern, wo Liebe und Glück zu finden sind. Eine Zeitlang würden Rambert, Grand und die anderen wieder glücklich sein – Cottard ausgenommen, der am Ende des Romans wahnsinnig wird und von seiner Wohnung aus mit einem Gewehr in die Menschenmenge auf der Straße schießt –, aber das Glück ist nicht von Dauer, der Sieg ist kein definitiver. Um Zeugnis von den Menschen abzulegen, an denen es im Grunde mehr zu bewundern als zu verachten gibt, um spätere Generationen vor dem ge-

fährlichen, ja tödlichen Schlaf des Vergessens zu bewahren und um ihnen immer mahnend vor Augen zu halten, daß der Pestbazillus weder tot noch für immer verschwunden ist, sondern in Möbeln, Kellern und Koffern schlummert, um erneut – zum Unglück und zur Belehrung der Menschen – eine glückliche Stadt zu überfallen, hat Rieux diese Aufzeichnungen gemacht, die Camus' Beitrag zur Bewältigung der Vergangenheit darstellen.

3.12 Der Belagerungszustand

Camus' dreiteiliges Schauspiel „Der Belagerungszustand"[53] stellt trotz thematischer Verwandtschaft mit der „Pest" keine Bühnenbearbeitung dieses Romans dar. Dramatische Struktur und dramaturgische Möglichkeiten haben im „Belagerungszustand" aus dem Bild und Motiv der Pest ein Werk sui generis gemacht, das sicherlich in seinem symbolischen Gehalt und auch in einzelnen Elementen mit dem Roman Gemeinsamkeiten aufweist. Lektüre und Aufführung dieses Stückes aber lassen beim Leser und Zuschauer ein unwohles Gefühl zurück, das in erster Linie mit der Problematik der Darstellung von sich bekämpfenden Prinzipien auf der Bühne zusammenhängt. „Der Belagerungszustand" ist daher durch seine Ideen-Menschen, durch seine Bilder, durch seine Überzeichnungen und Vereinfachungen weit weniger realistisch und überzeugend als der große Roman „Die Pest".

Während im Roman die toten Ratten das drohende Unheil ankündigen, übernimmt im Prolog des Theaterstückes ein Komet diese Rolle. Die Regierung von Cádiz, in der das Stück spielt, läßt dementieren und durch den Chor ihre Ziele, Werte und Tugenden verkünden: die alten Gewohnheiten, die Ordnung, das Gleichgewicht, die Reglosigkeit und das Glück. Als die Pest auftritt, wird auf unadäquate Weise versucht, sie zu erklären und zu meistern: durch einen Pfarrer, durch einen Astrologen, durch eine Hexe. Die politische und ideologische Führungselite der Stadt – der Pfarrer, der Gouverneur und der Richter – kommentiert das Geschehen. Als zu spät halbherzige Maßnahmen gegen die

Pest verkündet werden, treten Pest und Tod wie Chef und Sekretärin, also in Menschengestalt, auf, machen dem Gouverneur die Herrschaft streitig und übernehmen die Macht. Während das Leben des Gouverneurs geschont wird, betont man die angebliche „Freiwilligkeit“ der Aktion, womit Camus u. a. auf die Besetzung der Tschechoslowakei oder auch Frankreichs durch die deutschen Truppen anspielt. Die Stunde des Nihilisten Nada, der nur entfernt an Cottard erinnert, ist gekommen. Erste Maßnahmen der Regierung werden verkündet und durchgeführt. Ein Stadttor nach dem anderen schließt sich. Das Tragen des schwarzen Sterns (der historische war bekanntlich gelb) wird verordnet, die Nahrungsmittel werden rationiert, Passierscheine müssen beantragt werden, Denunziation und Redeverbot sind an der Tagesordnung. Der Chor stellt fest, daß man den Bewohnern von Cádiz ein fremdes Glück aufzwingen will. Der erste Teil des Stückes wird durch den Monolog der Pest beendet, die von sich selbst behauptet, sie sehe aus wie ein Unteroffizier (womit Camus sicherlich auf den historischen böhmischen Gefreiten anspielt), und die verkündet: „Der Belagerungszustand ist verhängt (145).“ Dem entspricht formal gesehen das Ende des ersten Teils der „Pest“ (f 68). Die Ausführungen der Pest sind von folgenden Momenten gekennzeichnet: von der These „Macht schafft Recht“, von dem unbedingten Glauben an die Macht und Möglichkeit der Organisation, aber auch von Absurditäten (der Tod herrscht planmäßig und willkürlich), von der Logik des Unmenschlichen, von der Devise „Schweigen, Ordnung und unbedingte Gerechtigkeit“ (146).

Im zweiten Teil des Stückes wird in einzelnen Bildern die Herrschaft der neuen Administration vorgeführt und mit ihr die veränderte Atmosphäre in der Stadt. Die Bürger brauchen nun Existenzbescheinigungen und spüren das Bemühen der Machthaber, eine totale Öffentlichkeit herzustellen. Dem gegenüber steht das gesunde Maß und der gesunde Menschenverstand der Bürger, was zu kontrastreichen, effektvollen Szenen führt. Symbolischen Wert hat auch die Tatsache, daß Nada nun Beamter wird und der Pest dient. Die Neinsager werden gekennzeichnet, die Bürger gefügig gemacht. Die Situation steht unter dem Schrecken von Deportationen und Konzentrationen. Die Willkür herrscht in

der überverwalteten Stadt, die nur noch Bescheinigungen, Gesuche und Beschlagnahmungen zu kennen scheint. Das Ziel aller dieser Maßnahmen ist, Schweigen und seine Extremform Tod zu erreichen. Das Ende aller Kommunikation bahnt sich an, weil man eine verschiedene Sprache spricht; Angst macht sich breit; das Recht des Stärkeren wird Maß aller Dinge; Schlagworte ersetzen differenziertes Denken. Ein Plebiszit wird vorbereitet und manipuliert, um den Anschein von Legitimität zu erwecken. Zwischen Diego und Victoria, einem jungen Paar, herrscht die Sprache der Liebe und der Poesie, die wie der Chor der Frauen einen Schimmer der Hoffnung aufleuchten läßt. Aber Diego will fliehen. Dabei trifft er auf die Sekretärin der Pest, die ihn zurückhält. Nun erlebt Diego seine große Stunde, wenn auch die Zufälligkeit dieses Ereignisses eine strukturelle Schwäche des Dramas ist. Diego lehnt sich gegen sein Schicksal auf. Die Überwindung seiner Angst bedeutet seine Überlegenheit über die Herrschaft von Pest und Tod. Dagegen vermag die Sekretärin nichts zu unternehmen; und das Wehen des Meereswindes steht als Symbol der wieder erwachenden Freiheit. „Ihr seid verloren", schreit Diego der Sekretärin ins Gesicht (169), „weil im Menschen eine Kraft wohnt, die ihr nicht ausrotten könnt." Die Sekretärin muß eingestehen: „So weit ich mich zurückerinnern kann, hat es immer genügt, daß ein Mensch seine Angst überwand und sich auflehnte, damit es im Räderwerk zu hapern begann" (170).
Diego nützt zu Beginn des letzten Teils seine Stärke aus und will das Volk für sich gewinnen. Es beginnt der Kampf zweier abstrakter Prinzipien bzw. Figuren gegeneinander, verkörpert durch Diego und die Pest. Er gerät dadurch, daß die Pest die Stadt behalten will und Diego dafür sein und Victorias Leben anbietet, in eine Konfliktsituation. Die Pest will alles oder nichts. Diego gibt nicht nach. Die Pest muß anerkennen, daß Diego die letzte Prüfung bestanden hat und bereitet ihren Abzug vor, aber Diego muß sterben. Aus der Abschiedsrede der Pest geht hervor, daß sie sich voller Zuversicht ein neues Eroberungsfeld suchen will. Die alten Regierenden tauchen wieder auf – damit wird die Dummheit die Grausamkeit ersetzen –; und Nada stürzt sich von einem Felsen ins Meer. Als Stimme des Volkes beschließt ein Fischer mit einer lyrisch-hymnischen Verheißung Camus'

„Belagerungszustand": „O Woge, o Meer, Heimat der Empörung, siehe dein Volk, das sich nie ergeben wird. In der Bitterkeit der Gewässer genährt, wird die gewaltige Grundwelle eure gräßlichen Städte hinwegschwemmen."

3.13 Camus und die Pest

Zur „Pest" existieren von Camus im ersten Bande der Pléiade-Ausgabe noch Aufzeichnungen, Studien, Briefe und dergleichen, die hier abschließend noch in Auszügen und Beispielen herangezogen werden sollen.
Im Dezember 1942 notierte Camus: „Un des thèmes possibles: lutte de la médecine et de la religion; les puissances du relatif contre celles de l'absolut. C'est le relatif qui triomphe ou plus exactement qui ne perd pas (1949)." Dies dürfte sich auf das später von Paneloux vorbereitete Traktat beziehen, in dem er der Frage nachgeht, ob ein Priester einen Arzt konsultieren darf. Wir sehen hier in Camus' Aufzeichunngen bereits, wie der Schriftsteller darüber dachte.
„Une préface du narrateur avec des considérations sur l'objectivité et sur le témoignage. (. . .) Montrer tout le long de l'ouvrage que Rieux est le narrateur par des moyens de détective." Dies haben wir in 3.1 sehr ausführlich erklärt, so daß auf unsere obigen Darlegungen verwiesen werden kann.
„Je veux exprimer au moyen de la peste l'étouffement dont nous avons souffert et l'atmosphère de menace et d'exil dans laquelle nous avons vécu. Je veux du même coup étendre cette interprétation à la notion d'existence en général. La peste donnera l'image de ceux qui dans cette guerre ont eu la part de la réflexion, du silence – et celle de la souffrance morale (1951)." Dies ist ein sehr wichtiger Beitrag zu späteren Deutungen der „Pest". Wir haben zu zeigen versucht, daß Camus' „Pest" immer über sich hinaus weist und nicht nur auf eine bestimmte historische Epoche und einen bestimmten Totalitarismus zu beziehen ist, sondern eine Aussage über den Menschen im allgemeinen machen will, über seine Natur und seine Existenz.
Neben den Essays „Les Exilés dans la peste" (1951 ff.) und „Les Archives de ‚La Peste'" (1959 ff.) ist Camus' Brief an

den Literaturkritiker Roland Barthes vom 11. 1. 1955 für sein Selbstverständnis aufschlußreich. Camus beansprucht darin für den Autor eines Werkes das Recht, der Kritik die Grenzen ihrer Interpretation festzustecken. Er führt dann weiter aus: „La Peste, dont j'ai voulu qu'elle se lise sur plusieurs portées, a cependant comme contenu évident la lutte de la résistance européenne contre le nazisme. La preuve en est que cet ennemi qui n'est pas nommé, tout le monde l'a reconnu, et dans tous les pays d'Europe. (. . .) La Peste, dans un sens, est plus qu'une chronique de la résistance. Mais assurément, elle n'est pas moins. – Comparée à L'Etranger, La Peste marque sans discussion possible, le passage d'une attitude de révolte solitaire à la reconnaissance d'une communauté dont il faut partager les luttes. S'il y a évolution de L'Etranger à La Peste, elle s'est faite dans le sens de la solidarité et de la participation. – Le thème de la séparation, dont vous dites très bien l'importance dans le livre, est à ce sujet très éclairant. Rambert, qui incarne ce thème, renonce justement à la vie privée pour rejoindre le combat collectif. (. . .) La Peste se termine, de surcroît, par l'annonce et l'acceptation des luttes à venir. (. . .) Ce que ces combattants, dont j'ai traduit un peu de l'expérience, ont fait, ils l'ont fait justement contre des hommes, et à un prix que vous connaissez. Ils le referont sans doute, devant toute terreur et quel que soit son visage, car la terreur en a plusieurs, ce qui justifie encore que je n'en aie nommé précisément aucun, pour pouvoir mieux les frapper tous. Sans doute est-ce là ce qu'on me reproche, que La Peste puisse servir à toutes les résistances contre toutes les tyrannies. Mais on ne peut me le reprocher, on ne peut surtout m'accuser de refuser l'histoire, qu'à condition de déclarer que la seule manière d'entrer dans l'histoire est de légitimer une tyrannie (1965 ff.)." Das Moment des Geschichtslosen, des Fiktiven, des dadurch vielleicht Unverbindlichen, das auch Hans Mayer als Marxist[54] dem Camusschen Denken vorwirft, muß diesen besonders schwer treffen. Historische Wirklichkeit und mitmenschliche Solidarität sind daher die beiden zentralen Momente seiner Zurückweisung der Kritik von Roland Barthes. Der Nationalsozialismus als historische Wirklichkeit und als politischer Bezugspunkt seiner „Pest" ist so evident, daß ganz Europa dies 1947 gespürt hat; das schließt aber eine Übertragbarkeit der

„Pest“ auf andere Zeiten und Räume nicht aus. Dies bedeutet auch, daß ein einmaliger Sieg kein definitiver ist. Schließlich zeugt „Die Pest“ auch von der persönlichen Entwicklung ihres Autors, die heute im übrigen kaum noch bestritten wird: Wenn „Der Fremde“ die Etappe des absurden Daseins eines Gleichgültigen darstellt, dann zeigt „Die Pest“ die Etappe der kollektiven, solidarischen Auflehnung gegen diese Absurdität des Daseins und der Welt. Wir meinen, daß sich diese Entwicklung von der Einsamkeit zur Revolte[55] auch auf Camus' philosophischer Ebene widerspiegelt, wenn man seine beiden Hauptessays zugrunde legt: den „Mythos von Sisyphos“ und den „Menschen in der Revolte“.

4. Materialien

4.1 Anmerkungen

1 Die Darstellung folgt im wesentlichen den Ausführungen von Morvan Lebesque, Camus par lui-même, Paris 1970 (dtsch.: ders., Albert Camus in Selbstzeugnissen und Bilddokumenten, Reinbek 1960); Germaine Brée, Albert Camus – Gestalt und Werk, Reinbek 1960.

2 Johannes Beer (Hrsg.), Reclams Romanführer, Bd. IV, Stuttgart 1968, S. 348–349. Es sei auch auf eine neuere französische Darstellung hingewiesen: Michel Bouty, Dictionnaire des ouevres et des thèmes de la littérature française, Paris (Hachette) 1972, S. 103–104.

3 Im ganzen Roman lassen sich nur sechs passé-simple-Formen nachweisen. Michel Butor wird später in seiner „Modification" nur zweimal das passé simple verwenden. Siehe hierzu meine Rezension zu Walter Pabst (Hrsg.), Der moderne französische Roman. Interpretationen, Berlin 1968, in: Die Neueren Sprachen 20 (1971), S. 162 f.

4 Bei den folgenden Ausführungen lagen zugrunde: Franz K. Stanzel, Typische Formen des Romans, Göttingen 1964; Jochen Vogt, Aspekte erzählender Prosa, Düsseldorf 1972.

5 Wir zitieren nach der von Franz-Rudolf Weller besorgten ungekürzten Schulausgabe im Diesterweg-Verlag: Albert Camus, L'Etranger. Roman, Frankfurt 6. Auflage 1971. Die Ziffern in Klammern verweisen auf die Seiten- und Zeilenzählung dieser Ausgabe, auf deren bibliographischen Anhang der Leser nachdrücklich aufmerksam gemacht sei.

6 Vgl. Werner Arnold, „Ennui" – „spleen" – „nausée" – „tristesse": Vier Formen literarischen Ungenügens an der Welt, Die Neueren Sprachen 15 (1966), S. 159–173.

7 Neben dieser Textstelle seien drei andere Darstellungen des Sonntags bzw. des Sonntagsspaziergangs in der neueren französischen Romanliteratur zum Vergleich erwähnt: zuerst gegen Ende des ersten Teils von „Madame Bovary", dann in Maupassants „Mon Oncle Jules" und schließlich in „La

Naussée". Vgl. zu Flaubert: Yves Le Hir, Analyses stylistiques, Paris (Colin) 2. Auflage 1967, zu Maupassant: Klaus Bahners, Formen der Distanz in Maupassants Novelle „Mon Oncle Jules", Literatur in Wissenschaft und Unterricht 7 (1974), S. 34–38; die Textstelle aus Sartres „Ekel" ist abgedruckt in: Werner Hertel (Hrsg.), La Civilisation Française B, Frankfurt (Hirschgraben) 1970, S. 166–167.

8 Salamanos Hund und auch Raymonds Mätresse sind namenlos. Es sei daran erinnert, daß das Verhältnis von nomen proprium und nomen commune in einer Herr-Knecht-Beziehung auch umgekehrt sein kann, z. B. in Diderots „Jacques le Fataliste et son Maître". Als weitere Beispiele zum Herr-Knecht-Verhältnis vgl.: Aristoteles, Politik; Hegel, Phänomenologie des Geistes; Brecht, Herr Puntila und sein Knecht Matti.

9 Leo Pollmann, Sartre und Camus, Stuttgart 1967, S. 123 f.; vgl. ebd. S. 130.

10 Jean-Paul Sartre, „Der Fremde" von Camus, in: ders. Situationen, Reinbek 1965, S. 44–58, hier S. 56.

11 Vgl. auch Brian T. Fitch, Narrateur et narration dans „L'Etranger" d'Albert Camus. Analyse d'un fait littéraire, deuxième édition revue et augmentée, Paris (Minard) 1968, S. 15.

12 Mit Gewinn liest man bei Pierre-Georges Castex, Albert Camus et „L'Etranger", Paris (Corti) 1970, die Seiten 80 bis 88, ohne daß dort so detailliert vorgegangen wird wie in unserer Darstellung.

13 Albert Camus, Théâtre, Récits, Nouvelles, a.a.O., S. 1924: „Le sens du livre tient exactement dans le parallélisme des deux parties."

14 Albert Camus, Der Mythos von Sisyphos. Ein Versuch über das Absurde, Reinbek 1964 (= rde 90), S. 101.

15 Vgl. dazu das sonst z. T. einseitige Buch von Conor Cruise O'Brien, Albert Camus, München 1971, S. 24–34 (= dtv 786).

16 Den ursprünglichen Namen Mersault – mer soleil – trägt die Hauptfigur in der „Vorstudie" zum „Etranger": Albert Camus, La mort heureuse, Paris (Gallimard) 1971. Dieses Werk erschien posthum als Cahiers Albert Camus I, hrsg. von Jean Sarocchi.

17 So konnte Barrier von der Komplizenschaft zwischen Leser und Meursault sprechen. Dem widerspricht nicht, daß wir von Meursaults Aufrichtigkeit überzeugt sind.

18 „Dans notre société tout homme qui ne pleure pas à l'enterrement de sa mère risque d'être condamné à mort" (Camus im Vorwort zur „édition universitaire américaine", hier S. 5f.).

19 Siehe dazu die folgende Interpretation des Kapitels II,5 und die dort erwähnten theoretischen Versuche Meursaults, die äußere Freiheit wiederzuerlangen.

20 Zur Interpretation des letzten Abschnittes (72,19–74,12) vgl. Max Vernet, Commentaire d'un extrait de „L'Etranger" d'Albert Camus, Le Français dans le Monde 82 (1971), S. 36–42. Wir übernehmen hieraus als Abschluß unseres Kapitels 2.11 im folgenden einige Gedanken. Vgl. auch Uwe Timm, Das Problem der Absurdität bei Albert Camus, Hamburg 1971.

21 Henning Kraus, Zur Struktur des Etranger, Zeitschrift für französische Sprache und Literatur 80 (1970), S. 210 bis 229, hat ihn mit einer anderen Zielsetzung interpretiert.

22 Camus sagt wörtlich: „J'avais essayé de figurer dans mon personnage le seul christ que nous méritions." Vgl. auch Peter C. Spycher, Albert Camus' „L'Etranger". Eine Studie über den „einzigen Christus, den wir verdienen", Die Neueren Sprachen 14 (1965), S. 159–180.

23 Johannes Beer, a.a.O., S. 349f. Vgl. bei Bouty (s. Anm. 2), S. 206–207.

24 Gero von Wilpert, Sachwörterbuch der Literatur, Stuttgart 4. Auflage 1964, S. 104. Vgl. auch Erich Bayer, Wörterbuch zur Geschichte, Stuttgart 1960, S. 73–74.

25 Vgl. zum folgenden: Franz K. Stanzel, a.a.O., S. 16 ff.; Eberhart Lämmert, Bauformen des Erzählens, 2. Auflage Stuttgart 1967; Jochen Vogt, a.a.O., S. 26 ff. Zum Ich-Erzähler siehe weiter oben die Darstellung des „Fremden".

26 Stanzel, a.a.O., S. 42–43 u. S. 49.

27 Zur Grenzverwischung von auktorialem, Er- und Ich-Roman vgl. Stanzel, a.a.O., S. 26 ff.

28 Albert Camus, La Peste, hrg. von Eva Krafft, Bielefeld o. J.

29 Der Begriff des Glückes spielt in Camus' Denken eine zentrale Rolle. Vgl. Pierre Nguyen-van-Huy, La métaphysique du bonheur chez Albert Camus, Neuchâtel 1968.

30 Dazu wurde folgende Literatur herangezogen: Das Fischer Lexikon Literatur II, 2. Teil, hrsg. von Wolf-Hartmut Friedrich und Walther Killy, Frankfurt 1965, s. „Predigt/Rede", „Rhetorik"; Ivo Braak, Poetik in Stichworten, Kiel 1966, s. „Bilder", „Figuren"; Rainer Hess u. a., Literaturwissenchaftliches Wörterbuch für Romanisten, Frankfurt 1971; Heinz Ludwig Arnold/Volker Sinemus (Hrsg.), Literaturwissenschaft, München 1973 (= dtv 4226), Kap. 5.2: Rhetorik; Ernst Robert Curtius, Europäische Literatur und lateinisches Mittelalter, 5. Auflage Bern/München 1965, Kap. 4: Rhetorik; André Marthaler, Mémento de culture littéraire, Lausanne (Payot) 1967, Kap. 5; Georges Duby/Robert Mandrou, Histoire de la civilisation française, XVIIe–XXe siècle, Paris 3. Auflage 1964 (Colin), S. 33–38; Paul Hartig (Hrsg.), Frankreichkunde, 4. Auflage Frankfurt 1964, S. 260 f.; Lucien Goldmann, Le Dieu caché, Paris 1967; Paul Hazard, Die Krise des europäischen Geistes, 5. Auflage Hamburg o. J.; Stefan Suchanek-Fröhlich, Kulturgeschichte Frankreichs, Stuttgart 1966 (= Kröner 358), S. 373 ff.; André Merlot, Précis d'Histoire de la Littérature Française, 8. Auflage Paderborn 1970, S. 20 f.; dtv-Lexikon der Antike. Philosophie, Literatur, Wissenschaft, Bd. 1, München 1969, s. „Augustinus"; Meyers Enzyklopädisches Lexikon, Bd. 3, Mannheim 1971, S. 74 f.: „Augustinus".

31 Heinrich Lausberg, Elemente der literarischen Rhetorik, München 3. Auflage 1967, S. 34. Lausbergs Buch wird im folgenden „L" abgekürzt.

32 Karl Löwith, Weltgeschichte und Heilsgeschehen, Stuttgart 1961 (= urban Bücher, Bd. 2), „Augustin", S. 148 bis 159, hier S. 157: „Insofern dient der ganze Plan des Augustinischen Werkes dem Zweck, Gott in der Geschichte zu rechtfertigen. (...) Gottes Wirken in der Geschichte liegt jenseits unserer Verfügung und seine Vorsehung sieht die Absichten der Menschen voraus und über sie hinaus (...). Wir können nur einige Bruchstücke der sinnvollen Ordnung wahrnehmen, die Gott uns zu offenbaren liebt. Die Geschichte ist ein von ihm eingerichtetes Pädagogium, das hauptsächlich durch Leiden erzieht."

33 Eduard von Jan, Französische Literaturgeschichte, 5. Auflage Heidelberg 1962, S. 113–114. Paul Bénichou, Morales du grand siècle, Paris 1967 (= collection idées 143), S. 121–213.

34 Molière, OEuvres complètes, Bd. 1, Paris (Garnier) 1962, Le Tartufe, S. 689 f. (Verse 1489 ff. u. 1503 ff.). Vgl. dazu Hanns Heiss, Molière, Darmstadt 1967, S. 112 f. Siehe für den Zusamenhang auch Pascals „Lettres Provinciales" und die Darstellung bei Richard Friedenthal, Entdecker des Ich. Montaigne – Pascal – Diderot, München 1969, S. 208 bis 230 (Pascal, Port Royal, der Jansenismus und der Kampf gegen die Jesuiten).

35 Lucien Goldmann, Weltflucht und Politik, Neuwied/Berlin 1967, S. 5–18, S. 56–74, hier S. 17.

36 Das Fischer Lexikon Christliche Religion, hrsg. von P. Oskar Simmel SJ und Rudolf Stählin, Frankfurt 1957, S. 107 (vgl. auch Artikel „Mensch", ebd. S. 218).

37 Bossuet, Oraisons funèbres et Sermons, 2 Bd., hrsg. von J.-Roger Charbonnel, Paris o. J. (Classiques Larousse); z. B. „Sermon sur la mort", ebd. Bd. 1, S. 11 ff.: „Je ne crois point d'assurer que c'est du sein de la mort et de ses ombres épaisses que sort une lumière immortelle pour

éclairer nos esprits . ." (S. 12). Ebd. S. 12–13: a) „lumières", „ignorance": Lichtmetaphorik; b) „orgueil", „aveugle", „les hommes superbes": Hochmut und Verblendung als Sünden.

38 La Rochefoucauld, Maximes et Mémoires. Présentation par Jean Starobinski, Paris 1964 (éd. 10/18), S. 107 u. S. 141 (Max. 358 u. 585). Die französischen Moralisten, Bd. I, hrsg. von Fritz Schalk, Bremen 1962, S. 41 u. S. 69.

39 Vgl. Klaus Bahners, Studien zu Robert Chasles' „Les Illustres Françoises", Köln 1969 (unveröfftl.), letztes Kapitel. Für die gedruckte Ausgabe unter dem Titel Struktur und Poetik des bürgerlichen Romans in Frankreich um 1700, Tübingen (E. Huth) 1973, ist auf dieses letzte Kapitel verzichtet worden.

40 Albert Camus, Essais, Paris (Gallimard: La Pléiade) 1965 ,S. 1296–1301.

41 ebd. S. 373.

42 ebd. S. 373 f.

43 Vgl. hierzu auch Leo Pollmann, a.a.O., S. 153 ff., S. 161 f.

44 Maurice Bruézière versucht in La Peste d'Albert Camus, Paris (Hachette) 1972, S. 52–56, einen kurzen Textkommentar zu Teil III der „Pest" zu geben.

45 Zu Sartre vgl. folgende Textauszüge aus „L'Existentialisme est un Humanisme": J. Theisen (Hrsg.), Ecrivains existentialistes, Huebers fremdsprachliche Texte 70; Salut Lectures (Diesterweg), S. 114 f.; La Civilisation Française B (Hirschgraben), S. 308 ff.: dtsch.: Jean-Paul Sartre, Drei Essays, Frankfurt 1971 (= Ullstein Buch 304).

46 „L'homme est la seule créature qui refuse d'être ce qu'elle est." Camus, a.a.O., S. 420.

47 Es handelt sich um das Interview „Die Wette unserer Generation" in: Albert Camus, Fragen der Zeit, Reinbek 1960, S. 258 f. (Frz. in „Essais", S. 1903).

48 Blaise Pascal, Gedanken, übersetzt, herausgegeben und eingeleitet von E. Wasmuth, Stuttgart (Reclam) 1963, S. 130 (pensée 233 bei Brunschwicg). Vgl. auch A. 36, S. 114 f.

49 Vgl. Otto Mann, Interpretationsansätze für die Behandlung von Camus L'Hôte, Praxis des neusprachlichen Unterrichts 16 (1969), S. 174–183; Judith Decke, Soziologische Interpretationsansätze und landeskundliche Fragestellung am Beispiel der Novelle „L'Hôte" von Camus, ebd. 21 (1974), S. 424–426.

50 Albert Camus, Théâtre. Récits. Nouvelles, Paris (Gallimard: La Pléiade) 1962, S. 383 („Les Justes").

51 Klaus Bahners, Tarrous letzter Kampf. Zur unterrichtlichen Behandlung von „La Peste" V,3, Literatur in Wissenschaft und Unterricht 6 (1973), S. 241–246.

52 Vgl. Heilwig Gräfin zu Eulenburg, Bewältigung des Leidens im französischen Roman nach dem Zweiten Weltkrieg, München 1967, S. 13–20.

53 Die Zahlen in Klammern beziehen sich auf die Paginierung der deutschen Ausgabe: Albert Camus, Dramen, Hamburg 1962; vgl. auch Christa Melchinger, Camus, 2. Auflage Velber 1970, S. 62–69; Leo Pollmann, a.a.O., S. 141 f.

54 Hans Mayer, Anmerkungen zu Sartre, Pfullingen 1972, S. 53–58.

55 Brigitta Coenen-Mennemeier, Einsamkeit und Revolte. Französische Dramen des 20. Jahrhunderts, Dortmund 1966.

4.2 Literaturhinweise

Die in den Anmerkungen (4.1) zitierte Literatur wird hier in der Regel nicht noch einmal gesondert aufgeführt. Es handelt sich im folgenden nicht um den Versuch einer umfassenden Camus-Bibliographie, sondern um die Zusammenstellung der von uns benutzten Literatur. Der interessierte Leser kann leicht selbst von den zitierten Titeln ausgehend weiter in Camus' Werk eindringen.

a) Textausgaben:

Camus, L'étranger, Paris (collection folio 2) 1973.

Albert Camus, L'étranger, Paris (univers des lettres/bordas 406) 1972.

Albert Camus, Der Fremde, Reinbek (rororo 432) 1961.

Camus, La peste, Paris (collection folio 42) 1972.

Albert Camus, La peste, Paris (Nouveaux Classiques Larousse) 1973.

Albert Camus, Die Pest, Reinbek (rororo 15) 1960.

ders., Der Mythos von Sisyphos, Reinbek (rde 90) 1964.

ders., Der Mensch in der Revolte, Reinbek (rororo 1216 bis 1217) 1970.

ders., Pages Méditerranéennes, présentées par Lucien Adjadji, Paris (Didier) 1968.

Raymond Lichet (éd.), Lire Camus, Paris (Hachette) 1972 (= collection Textes en français facile).

b) Sekundärliteratur:

Antonin Artaud, Le Théâtre et son double, Paris (Gallimard) 1972 (= collection idées 114), S. 19 ff.

Heinrich Balz, Aragon – Malraux – Camus, Korrektur am literarischen Engagement, Stuttgart (Kohlhammer) 1970.

M.-G. Barrier, L'Art du Récit dans L'Etranger d'Albert Camus, Paris (Nizet) 1966.

Günter Blöcker, Die neuen Wirklichkeiten. Linien und Profile der modernen Literatur, München 1968 (= dtv 470), S. 219 ff.

Jean-Claude Brisville, Camus, Paris (Gallimard) 1970.

Maurice Bruézière, Albert Camus – La peste, Le Français dans le Monde 87 (1972), S. 38–45.

ders., La Peste d'Albert Camus, Paris (Hachette) 1972 (= collection lire aujourd'hui).

Robert Champigny, Sur un héros paien, Paris (Gallimard) 1959.

Alain Costes, Albert Camus et la parole manquante. Etude psychanalytique, Paris (Payot) 1973.

Pierre Curnier, Pages commentées d'auteurs contemporains, tome I, Paris (Larousse) 1963, S. 187 ff.

Hans-Udo Dück, Introduction à l'histoire de France, München (Ehrenwirth) 1971.

Brian T. Fitch, L'Etranger d'Albert Camus, Paris (Larousse) 1972.

Paul Foulquié, L'Existentialisme, Paris (P.U.F.) 1971 (= collection que sais-je 253).

Pol Gaillard, Camus, Paris (Bordas) 1973 (= collection présence littéraire 813).

ders., Camus. La Peste, Paris (Hatier) 1972 (= collection profil d'une oeuvre 22).

Carina Gadourek, Les Innocents et les Coupables. Essai d'exégèse de l'oeuvre d'Albert Camus, The Hague 1963.

Herbert Gillessen, Albert Camus, in: W.-D. Lange (Hrsg.), Französische Literatur der Gegenwart, Stuttgart (Kröner 398) 1971, S. 213–236.

Paul Ginestier, Pour connaître la pensée de Camus, Paris (Bordas) 1964.

D. R. Haggis, Albert Camus: La Peste, London 1965.

Helmut Hatzfeld, Initiation à l'explication de textes français, München (Hueber) 1966, S. 153 ff.

Jacqueline Lévi-Valensi, Les critiques de notre temps et Camus, Paris (Garnier) 1971.

Robert Luppé, Albert Camus, Paris (Editions Universitaires) 1972.

Emmanuel Mounier, Malraux – Camus – Sartre – Bernanos. L'espoir des désespérés, Paris (du Seuil) 1970, S. 65–110.

Edgar Neis, Erläuterungen zu Albert Camus' „Die Pest", Hollfeld (Bange) o. J.

Rupert Neudeck, Die politische Ethik bei Jean-Paul Sartre und Albert Camus, Bonn (Bouvier) 1975.

A. Noyer-Weidner, Absurdität und Epik als ästhetisches Problem in Camus' „Etranger", Annales Universitatis Saraviensis 1961, S. 257–295.

Manfred Pelz, Die Novellen von Albert Camus. Interpretationen, Freiburg (Becksmann) 1973.

Carol Petersen, Albert Camus, Berlin 1961 (= Köpfe des 20. Jahrhunders, Bd. 22).
Bernard Pingaud, L'étranger de Camus, Paris (Hachette) 1971 (= collection poche critique).
Leo Pollmann, Das Epos in den romanischen Literaturen. Verlust und Wandlungen, Stuttgart (Kohlhammer) 1966, S. 166–169.
ders., Der französische Roman im 20. Jahrhundert, Stuttgart (Kohlhammer) 1970.
Pierre-Louis Rey, Camus. L'Etranger, Paris (Hatier) 1970 (= collection profil d'une oeuvre 13).
Alain Robbe-Grillet, Pour un nouveau roman, Paris (Gallimard) 1964 (= collection idées 45).
Nathalie Sarraute, L'ère du soupçon, Paris (Gallimard) 1964 (= collection idées 42).
Heinz Robert Schlette (Hrsg.), Wege der deutschen Camus-Rezeption, Darmstadt (Wissenschaftliche Buchgesellschaft) 1975.
Philip Thody, Albert Camus, Frankfurt/Bonn 1964.
Louis Truffaut, La thématique du soleil chez Valéry, Claudel et Camus, DNSpr 18 (1969), S. 239–258.
Robert Weber, Vom „Indifférent" zum „Etranger": Camus' Adam, DNSpr 12 (1963), S. 485–497.
Harald Weinrich, Tempus. Besprochene und erzählte Welt, Stuttgart (Kohlhammer) 1964, S. 262–270.
Gerda Zeltner-Neukomm, Das Wagnis des französischen Gegenwartromans, Reinbek (Rowohlt) 1970 (= rde 109), S. 66–72.

4.3 Camus' Werk – eine Auswahl

1. L'Etranger – Der Fremde
2. La Peste – Die Pest
3. La Chute – Der Fall
4. L'Exil et le Royaume – Das Exil und das Reich
   Einzeltitel:
   La femme adultère – Die Ehebrecherin
   Le renégat – Der Abtrünnige oder ein verwirrter Geist
   Les Muets – Die Stummen
   L'Hôte – Der Gast
   Jonas ou L'Artiste au travail – Jonas oder Der Künstler bei der Arbeit
   La Pierre qui pousse – Der treibende Stein
5. La mort heureuse – Der glückliche Tod
6. Révolte dans les Asturies – Revolte in Asturien
7. Le Malentendu – Das Mißverständnis
8. Caligula – Caligula
9. L'Etat de siège – Der Belagerungszustand
10. Les Justes – Die Gerechten
11. Les Possédés – Die Besessenen
12. L'Envers et L'Endroit – Licht und Schatten
    Einzeltitel:
    L'Ironie – Ironie
    Entre oui et non – Zwischen Ja und Nein
    La mort dans l'âme – Tod im Herzen
    Amour de vivre – Liebe zum Leben
    L'Envers et L'Endroit – Licht und Schatten
13. Noces – Hochzeit des Lichts
    Einzeltitel:
    Noces à Tipasa – Hochzeit in Tipasa
    Le vent à Djémila – Der Wind in Djémila
    L'Eté à Alger – Sommer in Algerien
    Le Désert – Die Wüste
14. L'Eté – Heimkehr nach Tipasa
    Einzeltitel:
    Le minotaure ou La halte d'Oran – Minotaurus
    Les amandiers – Die Mandelbäume
    Prométhée aux enfers – Prometheus in der Hölle
    Petit guide pour des villes sans passé – Kleiner Führer durch Städte ohne Vergangenheit
    L'Exil d'Hélène – Helenas Exil

L'Enigme – Das Rätsel
Retour à Tipasa – Heimkehr nach Tipasa
La mer au plus près – Das Meer

15. Le Mythe de Sisyphe – Der Mythos von Sisyphos
16. Lettres à un ami allemand – Briefe an einen deutschen Freund
17. Acutelles I, II, III – Fragen der Zeit
18. L'Homme révolté – Der Mensch in der Revolte
19. Discours prononcé à l'occasion de la remise du Prix Nobel – Rede anläßlich der Entgegennahme des Nobelpreises
20. L'Artiste et son temps – Der Künstler und seine Zeit
21. Appel pour une trêve civile en Algérie – Aufruf für einen Burgfrieden in Algerien
22. Défense de la liberté – Verteidigung der Freiheit
23. La Libération de Paris – Die Befreiung von Paris
24. Pessimisme et Tyrannie – Pessimismus und Tyrannei
25. Réflexions sur la Peine Capitale – Betrachtungen zur Todesstrafe